화천에서
놀자

화천에서 놀자

지은이 양소희
펴낸이 안용백
펴낸곳 (주)넥서스

초판 1쇄 발행 2013년 9월 15일
초판 4쇄 발행 2015년 1월 5일

출판신고 1992년 4월 3일 제311-2002-2호
121-893 서울특별시 마포구 양화로 8길 24
Tel (02)330-5500 Fax (02)330-5555

ISBN 979-89-9845-414-2 13980

저자와 출판사의 허락 없이 내용의 일부를 인용하거나
발췌하는 것을 금합니다.
저자와의 협의에 따라서 인지는 붙이지 않습니다.

가격은 뒤표지에 있습니다.
잘못 만들어진 책은 구입처에서 바꾸어 드립니다.

www.nexusbook.com

넥서스BOOKS는 (주)넥서스의 실용 전문 브랜드입니다.

화천에서 놀자

산과 물과 그 어디쯤

양소희 지음

넥서스BOOKS

여는 글

자꾸만 가고 싶은 그곳
느릿느릿 자연에 기대어
나를 들여다보는 여행

    최근 화두는 힐링을 넘어 행복이다. 그것은 오늘을 살고 있는 우리가 그만큼 행복과 멀리 있다는 의미이다. 우리들의 삶은 무엇인가에 쫓기듯 늘 부족하고 바쁜 하루를 살고 있다.
    매일 매일 미래의 행복을 위해 쉬지 않고 일하지만 분명한 것은 항상 만족할 만한 행복과 함께 있지 못하다는 것이다. 그래서 지친 일상을 잠시라도 떠나기 위해 여행을 선택한다.
    그러나 여행지에서조차 많은 사람이 가는 화려한 여행지 행렬을 따라가면서 타인의 기준에 흔들거리다가 정작 자신이 원하는 여행이 무엇이었는지 생각조차 하지 못한 채 피곤한 여행을 마치게 된다.
    나 역시 여행이 직업이고 보니 짧은 시간에 많은 자료를 만들어야 했다. 그래서 언제부터인가 '능률'이라는 자를 들고 세상을 보게 되었다. 다음 일정을 가지 못하는 일이 생기면 발을 동동 구르며 화를 내고 있는 자신을 보았다.
    여행이 주는 것이 이런 것이 아닌데라는 반성을 하면서 그동안의 여행을 뒤돌아보았다. 세계 최고, 최대를 자랑하는 여행지보다 그곳으로 가기 위해 지나치며 들렀던 작은 마을들이 떠올랐다.

그렇다면 그동안 나를 행복하게 해주는 여행지는 어디였을까 가만히 생각해 보니 강원도 화천이 보였다. 언제나 마음속에서 꺼내 보고 싶은 풍경은 '화천' 그곳에 있었다.
　느릿느릿 걸으며 마음에 오래 남는 풍경을 모든 감각 기관을 열고 느껴 볼 수 있는 곳이 화천이다. 그리고 수백 억 수천 억 년 동안 그 자리에 있었던 땅 위에서 나를 들여다보자. 화천 여행은 어느새 자신의 이야기를 담는 그릇이 되어 줄 것이다.
　화천! 그곳은 단순해 보이지만 그 안에 가득한 화려함을 볼 줄 아는 눈을 우리에게 선물로 준다. 나의 작은 소원은 누군가 〈화천에서 놀자〉를 들고 여행을 하면서 이상하게 마음이 편해지고 자꾸 가고 싶은 곳이 화천임을 눈치 채게 되길 바란다. 그리고 그대의 가슴 크기에 딱 맞는 행복으로 가득한 여행길이 되길 희망한다.

양소희

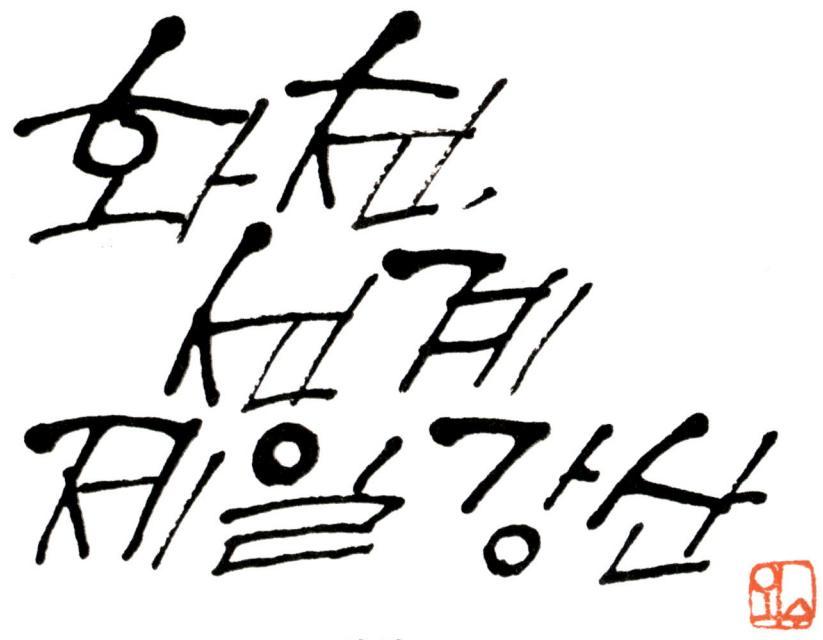

화천,
선계
제일 강산

"화천은 선계(仙界) 중에서도 제일 강산이 아름다운 곳이다."
소설가 이외수 선생 친필

추천의 글

화천은 내게 숨겨 놓은 연인같은 곳이지요. 입술연지 바르고 뾰족구두 신은 양산 쓴 애첩이 아닌, 마알갛고 볼이 불그스레한 숫처녀같은 순진한 애인 말이죠. 산과 물과 하늘이 태초를 닮아 안기면 힐링이 되는 곳이라 저절로 이끌려 찾게 되는 곳. 이곳 화천을 양소희 작가가 고살고살 소개해 준다니 반갑기도 하지만 숨겨 놓은 연인을 만인 앞에 내놓아야 하는 당혹감도 느낍니다. 그러나 좋은 건 나눠야 하는 법이죠. 이 책을 통해 나의 애인같은 고장 화천을 공유하는 기쁨도 함께 누릴 수 있기를 바라며….
아나운서 윤영미

〈화천에서 놀자〉를 읽고 화천에는 조선시대 곡운구곡도의 예술 정신을 양분 삼아 지금의 예술가가 다양하면서도 새롭게 해석한 신곡운구곡도를 그리고 있음을 알 수 있었고, 매우 반가웠습니다.
화가 임근우

화천이 경치 좋은 곳인 줄은 알았지만 이렇게 다양한 테마로 즐길 수 있는 곳인 줄은 〈화천에서 놀자〉를 읽고서야 알았습니다. 물과 산이 마음을 깨끗하게 해 주고 예술인들이 모여 사는 곳, 화천 여행을 추천합니다.
배우 박상원

책 속의 맑은 계곡물을 보니 정신도 맑아집니다. 금새라도 화천에 달려가고 싶습니다. 뜨거운 태양빛이 가려지는 울창한 숲이 더해진다면 지금이라도 당장 ….

아트스페이스 정미소 디렉터 이은주

영광입니다. 감히 저에게 이렇게 멋진 추천사를 쓰도록 해 주시다니^^. 구름 위에서 마치 신선놀음하는 듯한 풍경을 안겨 준 화천의 아름다운 스토리를 양 작가님이 표현하셨다니 축하드립니다. 여행이 주는 멋진 행복을 자신에게 선물한다면 이보다 더 좋을 수 없어요. 화천에서 주렁주렁 행복을 엮어 가져도 좋을 것 같습니다. 화천에서 꼭 시작해 보십시오~. 〈화천에서 놀자〉를 읽다 보면 세상을 다 가진 듯한 행복감에 젖어듭니다.

한국관광공사 과장 양숙희

양소희 작가의 〈화천에서 놀자〉를 읽으면서 스페인에서 1년쯤 살았던 산폴데마르(Sant Pol de Mar)라는 작은 해변 마을이 생각났습니다. 이웃들과 더불어 몸과 마음이 따뜻하고 행복했던 그곳처럼 화천도 많은 이들에게 사랑받고 기쁨을 주는 멋진 여행지가 아닌가 새삼 깨달았습니다.

테너 류정필

차례

여는 글 4
추천의 글 8
한눈에 보는 화천 지도 12
추천 코스 14
시티 투어 18

PART 1 작은 마을에서 만나는 여유

파로호 느릅마을 22   동구래마을 32   비수구미마을 42
연꽃마을 50   토고미마을 60

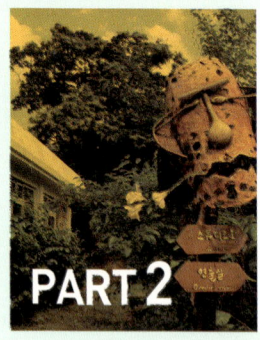

PART 2 예술이 희망이 되는 시간

이외수의 감성마을 70
화가 길종갑 80
아티스트 목수 이정인 90
극단 뛰다의 터전 98
월하 이태극 문학관 106

PART 3 기웃기웃 화천 공부

화음동 정사지 116   화천 민속박물관 124
화천 향교 132   화천 한옥학교 140
토속 어류 생태 체험관 148   한국 수달연구센터 156

PART 4 물을 따라가며 마음을 씻는 풍경

파로호 166
붕어섬 184
산소 O₂ 100리 길 176
용담계곡 196

PART 5 맛있는 공기에 입맞추고 싶은 산

용화산 206
화악산 222
딴산 214
광덕산 230

PART 6 두 발로 디뎌 보는 평화의 길

평화의 댐과 세계 평화의 종 공원 240
칠성전망대 248
베트남 참전 용사 만남의 장 256
파로호 안보전시관, 군부대 역사관 264

PART 7 시간 가는 줄 모르는 옛이야기

미륵바위 274
비래바위 290
유촌리 산천제 282

PART 8 어느새 녹아드는 감동 축제

산천어축제 300
용화축전 316
토마토축제 308
비목문화제 318
쪽배축제 312

부록
음식점 리스트 322
숙박 리스트 329
숙박 할인 쿠폰 337

추천 코스

반나절 코스 A

미륵바위 ➡ 산소길 ➡ 딴산 유원지 ➡ 토속 어류 체험관 ➡ 꺼먹다리

미륵바위　　　　산소길　　　　딴산 유원지

　　　　　꺼먹다리　　　　　토속 어류 체험관

반나절 코스 B

율대마을 숲속 예술학교 ➡ 동지화마을 극단 뛰다의 예술텃밭 ➡ 화천읍 선등 거리

율대마을 숲속 예술학교　　　　동지화마을 극단 뛰다의 예술텃밭

화천읍
선등 거리

평일 1일 코스

느릅마을 ➡ 화천 한옥학교 ➡ 수달연구센터 ➡ 화천 민속박물관 ➡ 붕어섬 카트레일카 · 하늘 가르기 ➡ 화천 향교 ➡ 화천시장

느릅마을

화천 한옥학교

수달연구센터

화천 민속박물관
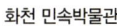

붕어섬 카트레일카 · 하늘 가르기

화천 향교

화천시장

주말 1일 코스

물빛누리호 타고 파로호 둘러보기 ➡ 평화의 댐 ➡ 세계 평화의 종 타종 ➡ 카페리호 선착장 ➡ 파로호 회센터 ➡ 파로호 안보전시관 ➡ 이태극문학관

물빛누리호는 매주 토, 일, 공휴일 운항. 10인 이상 출발 가능. 30인 이상인 경우 사전 예약하면 평일 운항 가능.
성수기(5/1~10/31) 1일 2회 운항 09:00, 13:30 비수기(11/1~4/30) 1일 1회 운항 13:00

- 물빛누리호 타고 파로호 둘러보기 
- 평화의 댐 
- 세계 평화의 종 타종 
- 카페리호 선착장 
- 파로호 회센터 
- 파로호 안보전시관 
- 이태극문학관

1박 2일 코스

1일째: 삼일계곡 ➡ 촛대바위 ➡ 화음동 정사지 ➡ 법장사 ➡ 신녀협 ➡ 감성마을 이외수문학관

2일째: 연꽃마을 ➡ 동구래마을 ➡ 토고미마을 ➡ 만산동계곡 ➡ 산천어밸리 ➡ 산소 O_2 100리길 자전거 타기 ➡ 붕어섬 카트레일카·하늘 가르기

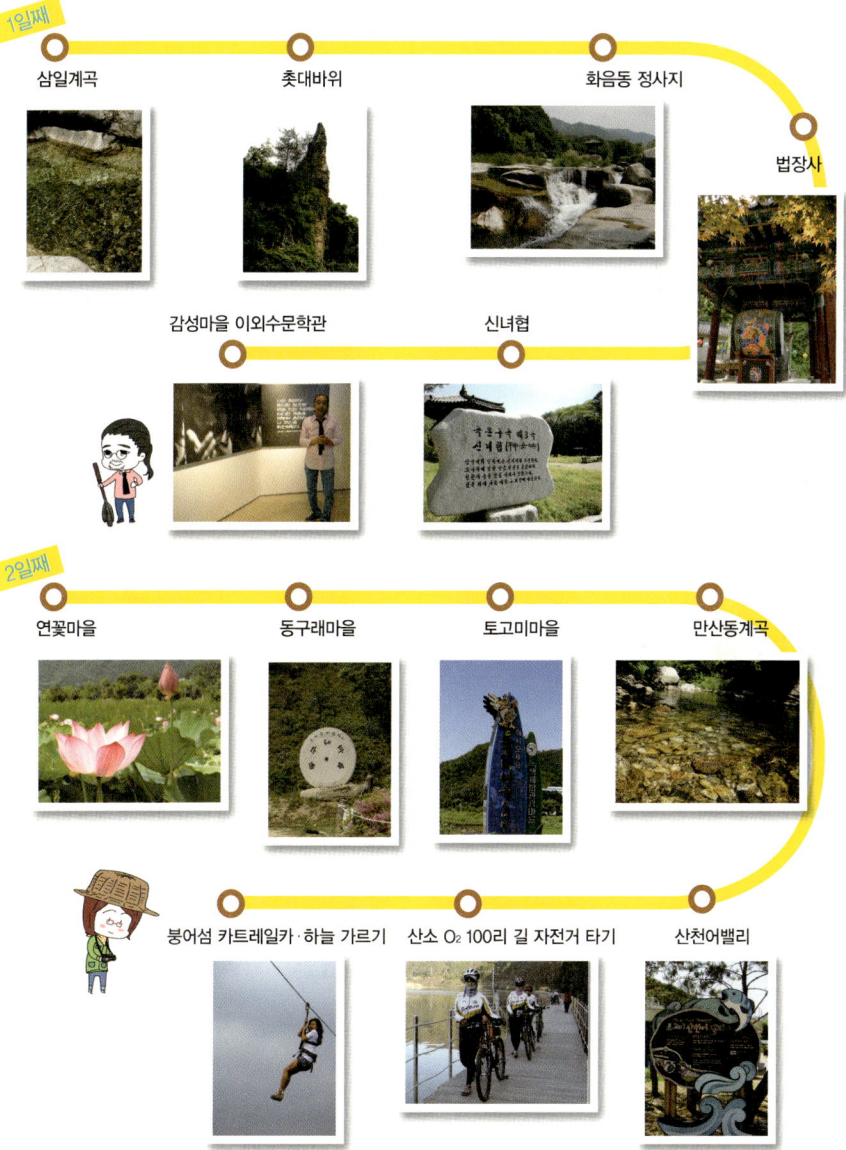

화천 시티 투어

시티 투어 버스를 이용하면 주요 관광지를 편안하게 둘러볼 수 있다.

투어 운영

구분	주말 코스(토·일요일) 10:00~18:00	평일 코스(코스 A, 코스 B) 10:00~17:30
요금	춘천 출발 · 성인 19,000원 화천 출발 · 성인 15,000원 · 어린이(4~12세) 10,000원	춘천 출발 · 성인 15,000원 화천 출발 · 성인 11,000원 · 어린이(4~12세) 15,000원
포함 내역	· 물빛누리호 카페리호 승선료, 가이드 비용, 떡메치기 시식 · '지역문화체험 봉사 활동 시간' 3시간 인증서 교부 · 전 참가자에게 화천군 기념품 제공 *점심 식사 및 선택 체험료는 불포함	
입금 안내	· 농협 301-0124-4685-21(화천군청) · 투어 3일 전 미입금 시 자동 취소	
취소·환불	· 투어 2일 전 17시까지 *본 투어는 불가피한 사정이 있을 경우 변경될 수 있음	
문의·접수	· 인터넷(http://tour.ihc.go.kr), 전화(033-440-2575) 접수 가능	

* 최대 20명 선착순 예약(최소 5명 이상 출발합니다.)

평화·안보 관광을 즐기는
주말 투어

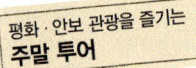

- 10:00 춘천역(출발)
- 11:00 화천 민속박물관
- 11:20 산소(O₂)길
- 12:00 화천시장(중식)
- 13:00 파로호 물빛누리호
- 15:00 평화의 댐 세계평화의 종
- 16:30 토속 어류 생태 체험관
- 18:00 춘천역(도착)

생태 관광을 즐기는
평일 투어 A

10:00 춘천역(출발) — **11:00** 화천 민속박물관 — **11:20** 산소(O_2)길 — **12:00** 화천시장(중식)

17:30 춘천역(도착) — **16:30** 화천생태영상센터 — **15:00** 수달연구센터 — **14:00** 월남파병용사 만남의 장

문학 관광을 즐기는
평일 투어 B

10:00 춘천역(출발) — **11:00** 화천 민속박물관 — **11:20** 산소(O_2)길 — **12:00** 화천시장(중식)

17:30 춘천역(도착) — **16:30** 화천생태영상센터 — **15:40** 동그래마을(야생화단지) — **14:00** 이외수문학관

PART 1

작은 마을에서
만나는 여유

파로호 느릅마을 | 동구래마을비수구미마을 | 연꽃마을 | 토고미마을

파로호 느릅마을
숲이 있어 공기가 맛있는 마을

초록빛 자연과 대화 나누는 마을

느릅마을은 마을 뒤로 둘러처진 산들이 병풍을 두른 듯 아름답다 하여 병풍마을이라 부르기도 한다. 이 마을이 가진 것은 푸르고 맑은 자연뿐이다. 오로지 자연 그대로의 모습을 간직한 곳을 찾기 힘든 요즘, 보기 드물게 마을 전체가 커다란 공기 청정기처럼 느껴지는 곳이다. 실제로 공기가 맛있는 마을이기 때문에 아무것도 하지 않고 그저 느리게 걸어만 다녀도 좋은 곳이다.

과거 이 마을에는 느릅나무가 숲을 이루고 있었다고 한다. 사람들은 느릅나무 새순으로 죽을 끓여 먹고 차도 만들어 마시며 막걸리와 떡 재료로도 사용했다. 그래서 그런지 느릅나무가 있는 지역의 사람들은 잔병치레가 적어 느릅나무를 신

약이라고도 불렀다. 지금 이 마을에 느릅나무 숲은 없지만 느릅나무가 사람에게 주었던 건강함을 되살리고자 마을 이름을 느릅마을로 부른다.

파로호 느릅마을 입구 이정표

느릅마을의 봄은 도시의 봄 풍경과는 달라도 너무 다르다. 도시에서는 로이 킴의 "봄봄봄 봄이 왔어요~" 노래를 들으며 길가의 꽃나무 구경이 전부이지만, 느릅마을에 오면 봄 내음이 물씬 풍기는 봄나물 채취 체험을 하면서 온몸으로 봄을 맛볼 수 있다. 용화산, 부용산에서 나는 치자, 취나물, 고사리, 참나물, 곰취 등 산나물을 가족과 연인과 함께 채취하다 보면 봄의 향기에 취해 하하 호호 자꾸만 웃음이 난다. 나물 채취를 마치고 마을로 내려오면 향긋한 봄나물 비빔밥을 먹을 수 있다.

여름이 찾아오는 7, 8월이 되면 이름도 재미있는 뛰개계곡과 투명한 제당계곡에 풍덩 빠져 더위를 식히기에 안성맞춤이다. 블루베리 농장 채향원에서 블루베리 수확도 하고 잼, 와인, 쿠키를 만들면서 달콤한 맛도 즐기고 옥수수 하모니카를 불며 여유롭게 느릿느릿 걸어다니는 마을 산책도 즐겁다.

가을이 오면 친환경 농법으로 벼를 재배하는 논에서 메뚜기도 잡고 벼도 베고 덩실덩실 춤을 추는 축제 한판이 벌어진다. 메뚜기 잡기 이외에도 새끼줄 꼬기,

울창한 숲과 야생화가 만발한 야생초학교

농촌체험: 메뚜기 잡기, 메뚜기 뜀뛰기, 애호박 조각하기

  가마니 짜기, 벼 베기, 논두렁 축구, 고구마 캐기, 알밤 줍기 등 농촌 체험 기회를 제공하고 있다.

  겨울이 되면 언제든지 40cm 이상의 두꺼운 얼음을 깨고 얼음낚시를 할 수 있고 농한기 전통 공예 체험 등 추위를 이겨내는 놀이로 마냥 신나게 놀다 보면 마음속까지 휑하게 불어대던 차가운 겨울바람은 어느새 녹아 사라진다. 착한 숲 자연학교에 가면 계절에 관계 없이 잣나무 숲 체험을 할 수 있고 남녀노소 커다란 공으로 즐기는 파크 골프가 재미있다.

손맛으로 행복을 전해 주는 느릅마을 할머니 삼총사

  장 담그는 손맛이 최고라고 소문이 자자한 할머니가 마을에 산다. 장 담그는 할머니라고 불리는 오영자 할머니는 24살부터 여든 살이 될 때까지 계속해서 장을 담갔다. 신혼 때 멀리 사는 친정어머니에게 가서 해마다 장을 담그곤 했는데 어머니를 번거롭게 하는 것 같아 어느 날부터 혼자 연구해서 장을 담그기 시작했다. 그런데 아무리 해도 맛이 나지 않아 고민이 많았다고 한다. 현재의 좋은 장맛을 내게 된 것은 함께 장을 담그면 맛있다는 것을 깨달은 후부터라고 한다. 이웃과 함께 하면 즐겁게 장을 담글 수 있어 장맛이 좋다는 것이다. 이제는 장뿐 아니라 김장도 마을 사람들과 같이 한다.

  도시 사람들은 북적이는 사람들 숲에서 늘 외롭다고 한다. 나만 좋으면 제일이라고 생각하는 개인주의와 좀 더 편하고 쉬운 것이 최고라고 생각하는 사고방식이 자신을 혼자로 만드는 것은 아닐까? 할머니의 장 담그는 모습에서 함께 나누어야만 사람 살맛이 난다는 삶의 지혜를 느낄 수 있다.

마을에는 또 한 분의 명인이 있는데 강원도에서 만 흔하게 볼 수 있는 옥수수 술을 빚는 홍정순 할머니이다. 할머니는 유난히 맛있는 술맛의 비밀이 누룩에 있다고 귀띔해 준다. 우리나라에서는 1950년부터 1980년까지 술을 빚어 마시는 것이 금지되었지만 고된 일을 하는 농사꾼들에게는 유일한 낙이 바로 농주이자 밀주였던 옥수수 술이었다. 17살 시집올 때부터 올해로 95세가 될 때까지 80여 년 술을 빚어 온 할머니의 솜씨는 감탄이 절로 나올 만큼 입
소문이 자자하다. 요즘은 할머니의 거동이 불편해 며느리가 대신 술을 담그고 있다. 그럼에도 여전히 맛이 얼마나 좋은지 주민들은 매년 명절이 되면 홍정순 할머니 댁에 빠지지 않고 인사를 하러 오는데 그 이유는 할머니가 크게 반기며 건네는 술 맛을 잊지 못하기 때문이라고 한다.

손맛으로 소문난 또 한 분, 한과를 만드시는 홍정희 할머니도 빠뜨릴 수 없다. 어린 시절에는 쌀이 귀해 한과를 맘껏 먹을 수 없었다고 한다. 그래서 어린 시절에 너무나 먹고 싶었던 한과를 직접 만들어야겠다는 생각이 계기가 되어 할머니의 한과 만들기는 시작되었다. 한번 먹어 본 사람들은 해마다 다시 찾을 정도로 소문이 나 이제는 힘에 부쳐 일을 쉬고 싶어도 쉴 수 없다고 하소연을 한다. 그도 그럴 것이 한과의 제철인 추석부터 겨울 내내 늦은 밤까지 고생을 하기 때문이다. 그렇지만 자신의 손맛을 알아 주는 사람이 있다는 것을 행복해 하며 입가에 미소를 잃지 않는다.

미래 지향적 산촌 마을을 조성하다

느릅마을은 산림청에서 공모한 저탄소 녹색마을 시범 사업(산림탄소 순환마을)에 선정되어 2013년부터 3년간 총 50억원의 사업비를 지원받아 미래 지향적 산촌 마을로 거듭나고 있다. '산림 탄소 순환 마을'이란 산림에서 생산되는 부산물로 만든 펠릿을 연료로 활용해 마을 전체 가구에 중앙 집중식 난방을 보급하는 사업으로 화석 연료를 사용하지 않는 친환경 녹색 성장 마을이 되는 것이다.

해외에서는 독일의 윤데마을에서 그 사례를 찾을 수 있는데 독일의 전형적인 농촌 마을로 바이오 에너지를 이용해 화석 연료의 사용을 획기적으로 줄였을 뿐만 아니라 남는 전력을 판매해 수익을 올렸다. 독일 윤데마을이 자리 잡기까지는 조성 계획부터 7년이 걸려 성과를 이루게 되었다고 한다.

느릅마을도 서두르지 말고 차근차근 자연 친화적이면서도 소득을 올릴 수 있는 친환경 녹색 마을로 변신하기를 기대해 본다.

느릅마을의 야생화

유촌리의 유래

본래 유촌리는 화천군 간척면의 지역으로 늘읍삼니(於呂三里), 유읍삼리(楡呂三里)로 표기되기도 하고 느릅나무 밑에 샘이 있다 하여 느릅새미, 유촌(楡村)이라 하였는데 1914년 행정구역 폐통합에 따라 서어미, 뛰개, 먼내골을 병합하여 유촌리가 되었다.

옛날 황해도 해주에서 오(嗚)씨가 이곳으로 낙향하여 느릅나무 숲에 살기 시작해 느릅나무 유(楡)자를 따서 유촌리라 부르게 되었다고 전해 온다. 현재도 마을 주민의 3분의 1 이상의 성씨가 '오(嗚)'이다.

이곳만은 둘러보자!
볼거리

파로호 느릅마을 주변에는 강원도 명산인 용화산과 다양한 볼거리가 모여 있다.

유촌리 산천제
제당계곡에서는 일 년에 두 번 남자들만 모여서 '유촌리 산천제'를 지낸다.

주소 화천군 간동면 유촌리 제당계곡

베트남 참전용사 만남의 장
베트남 참전용사들에게 만남의 기회를 제공하기 위해 당시 훈련장을 만남의 장으로 조성하였다. 베트남 문화를 엿볼 수 있는 전통 가옥과 베트남전쟁 당시 베트공들이 만들었던 구찌터널을 구경할 수 있다. 최근 이곳은 실제 전투 장비가 배치되어 있어 실감 나는 서바이벌장으로 인기를 끌고 있다.

주소 화천군 간동면 오음리 87-7
문의 033-441-8002

화천 한옥학교
화천 한옥학교는 한옥을 짓는 목공 기술인을 양성하는 곳으로 학교의 운영 주체는 화천군수이다. 처음 한옥학교 운영은 화천군 인구 늘리기 범국민 추진협의회의 일환으로 시작했다. 1박2일 주말 체험 프로그램도 운영중이다.

주소 강원도 화천군 간동면 유촌리 383
문의 033-442-3366
홈페이지 www.hanokschool.co.kr

맛 따라 여행 따라
맛집&숙박

애호박, 블루베리, 가시오가피, 송이버섯, 단호박 찐빵, 산야초, 곰취 등이 느릅마을의 특산품이다.

유촌막국수

간동면사무소 앞에 있다. 옛맛을 기억하는 사람들이 줄 지어 찾는 곳이다. 직접 경작한 메밀을 재래식 막국수 틀에서 뽑아 막국수 본래의 맛을 유지하고 있다. 막국수와 함께 먹는 촌떡은 도토리 가루를 넣어 쫄깃한 식감이 살아 있다.

주소 강원도 화천군 간동면 유촌리 문의 033-442-5062

느릅마을 황토팬션 문의 016-784-4461
뛰개민박 문의 010-5245-3807
놀자네민박 문의 010-8951-4135
검정고무신민박 문의 010-3634-4055

Info.

파로호 느릅마을 안내

주소 강원도 화천군 간동면 유촌리 614-8
문의 017-266-4444 ※마을 대표
홈페이지 http://www.goparoho.com

파로호 느릅마을 가는 길

승용차	춘천 IC-소양댐·양구 방향(46번 국도 진입) ➡ 배후령(오봉산)터널 ➡ 간척사거리에서 좌회전 ➡ 약 1.3Km 전방 쌍용교육대 앞에서 좌회전 ➡ 파로호 느릅마을 도착 ※서울 출발 약 2시간, 춘천 출발 20~30분 걸린다. 내비게이션에 '간동면사무소'로 지정하면 찾아가기 쉽다.
ITX-청춘열차 및 전철	용산 또는 청량리에서 출발하는 ITX-청춘열차 및 전철 승차 ➡ 남춘천역 하차 ➡ 춘천 시외버스 터미널로 이동하여 용호리 방면 버스 승차 ➡ 유촌리 하차
버스	동서울 시외버스 터미널(구의동) 또는 춘천 시외버스 터미널에서 오음리 경유 용호리 행 버스 승차 ➡ 유촌리 하차

친환경마을

7월에는
블루베리 음악 축제도
있답니다.

느릅마을에는
유명한 특산물이 많지만
그중에서 블루베리가
달고 맛있어요.

가을에는 메뚜기 축제!

겨울에는 40cm 빙판 위에서 빙어 낚시를 즐길 수 있는 바로파로 축제가 있어요!

느릅마을은 산림 탄소 순환 마을로 선정됐어요.
나무에서 생산되는 부산물로 만든 펠릿을 연료로 사용해
마을 전체 가구에 중앙 집중식 난방을 보급해서 화석 연료를 쓰지 않아도 된다는 장점이 있죠!

느릅마을은 친환경적인 녹색 마을입니다.

동구래마을
향긋한 꽃차와 도자기가 어우러진 곳

꽃들이 모여 사는 마을

해마다 가을이 찾아오면 멀리 두고 온 고향집처럼 그리워지는 풍경이 있다. 오래전 강원도 여행을 하던 중에 북한강 물길 따라 우연히 들렀던 동구래마을이 바로 그곳이다. 마을이라고 하면 본래 사람이 사는 동네인데 이곳은 신기하게도 꽃들이 주인인 들꽃 마을이다.

사람 사는 집은 촌장 댁 한 곳뿐이며 산국화 할머니라고 불리는 어머니와 단 두 분이 산다. 산악 구조원이었던 촌장님이 산을 다니며 바위 틈에 자라는 야생화에 빠지면서부터 마을 이야기는 시작된다. 원래 늪지대였던 북한강 끝자락 하남면 원천리를 혼자 힘으로 정성 들여 밤낮으로 가꾼 끝에 감탄이 절로 나오는 아름다운 들꽃 마을로 만들었다.

처음 동구래마을에 갔을 때 함께했던 일행들과 가을 꽃 속에 묻혀 이야기를 나누는데 촌장님은 살며시 국화차를 건네 주시고는 어디론가 사라져 모습이 보이

동구래마을 야생화들

동구래마을
뒷뜰에마련된
야외 음악당

지 않았다. 대신 어디서 왔는지 흰 토끼 한 마리가 우리 주위를 맴돌았다. 이곳에서 꽃차를 마셔 본 이후로 이제는 기회만 생기면 망설이지 않고 꽃차를 마시게 되었다. 차에서 꽃 향기가 느껴질 때마다 신기하게도 동구래마을 풍경이 저절로 떠오른다. 함께 온 아이들은 도자기 공방에서 도예 선생님의 설명을 들으며 흙과 함께 놀았고 나중에 집으로 배달된 구워진 도자기는 시간이 한참 흐른 지금도 손이 닿는 곳에 자리하고 있다.

'왜 마을 이름이 동구래일까?' 궁금해서 촌장님께 여쭤 보고 싶었지만 모습이 보이지 않아 스스로 해답을 찾느라 두리번거리다 하늘을 올려다보게 되었다. 마을에 앉아 올려다 본 하늘은 모양이 동그랬다. '아하~ 이거였구나.' 혼자 생각하고 좋아라 했었는데 몇 년 후 다시 찾아와 마을 입구 안내판에 적힌 글을 보니 오래 전 스스로 내린 답은 정답이 아니었다.

"'동구래'란 '동그란'의 어원에서 유래되었으며 모든 사물의 시작인 씨앗과 꽃을 상징하는 의미가 담겨져 있다."고 적혀 있다. 그러나 마을 한가운데서 하늘을 보면 신기하게도 정말 하늘이 동그랗다. 촌장님은 동구래마을 인근에 사는 사람들과의 모임도 호박회라고 이름을 지었다고 한다. 여럿이 함께 모여 다투지 말고 둥글둥글 잘살아 보자는 뜻이라고 한다. 마침 이 마을 지명도 원천리이고 보면 촌장님과 동구래마을은 오래전부터 예견된 인연이었던 것이 틀림없는 것 같다.

금 캐러 가는 물 위 야생화 길

화천에서는 23신선과 함께하는 동려이십삼선로(同侶二十三仙路)가 있는데 그중에

서 제 4선로가 '금 캐러 가는 물 위 야생화 길'이다.

　동구래마을부터 금광 굴까지 북한강을 따라 걷는 산책로로 길이는 1.8Km이다. 금광굴을 만나면 그쯤에서 동구래마을로 다시 돌아올 수도 있고 연꽃과 함께 하는 수변 복원 길을 따라 계속 1.2Km를 더 걸어가면 연꽃마을이 나온다. 두 길을 합쳐 '동구래마을부터 연꽃마을에 이르는 탐방로'라고도 부르는데 자연스러운 흙길을 타박타박 걸어가는 느낌이 좋다.

　중간 지점에서 만나는 금광굴은 과거 동구래마을 일대가 금을 캐던 지역이었음을 짐작하게 한다. 일제 강점기 때 금을 채굴하던 굴은 화천댐이 건설되면서 대부분 물속에 잠기고, 이곳이 유일하게 남은 이 지역 금광의 흔적이다. 금광 굴의 길이는 70m로 굴속에는 아직까지 금이 남아 있다고 한다.

　그렇지만 금을 캐서 일확천금을 얻으려는 마음으로 걷는 길이 아니다 보니 금광 굴은 그저 뜻밖의 구경거리일 뿐이고 이 길을 걷다 보면 발소리가 재미있다. 꽃과 함께 걷는 봄 길, 적당히 물기 머금은 비 내린 여름 길, 발밑에 마른 잎이 부서지는 소리가 들리는 가을 길, 뽀드득뽀드득 쌓인 눈을 밟는 겨울 길은 상상만 해도 즐겁다. 길이 너무나도 고요해서 걸어가다 보면 자신의 발걸음 소리가 점점 크게 들릴 정도이다. 그때 북한강을 건너온 바람이 툭 나에게 말을 걸어온다. '너는 지금 무엇을 위해 살며 어떻게 살고 있느냐'고. 다른 사람이 만든 생각에 맞춘 삶을 살지 말고 자신의 삶에 주도권을 가지라고 충고한다. 한 시간 남짓 북한강 물길을 따라 걸으며 나의 미래는 나의 것이기에 내가 주인이 되어야 한다는 다짐을 해 본다. 금 캐러 가는 물 위 야생화 길은 나를 들여다보며 내 마음 속에 들어 있는 값진 금을 캐기에 좋은 산책길이다.

노다지 캐기 체험 터널
화천군에서는 동구래마을에서 연꽃 단지로 가는 길 중간에 위치해 있는 금광 굴을 개발하여 〈노다지 캐기 체험 터널〉이라는 관광 상품으로 선보일 계획이다. 과거 동구래마을 부근은 실제 금을 캐던 지역으로 당시에는 금광이 곳곳에 많았는데 화천댐이 만들어지면서 대부분 수몰되고 현재는 이곳만 남았다. 화천군에서는 동구래마을 근처에 있는 금광 굴의 가치를 관광 상품으로 개발하는 사업에 착수했다. 서오지리 연꽃마을과 원천리 동구래마을 사이에 400m가량의 터널을 뚫어 노다지 캐기 체험과 화천 지역 특산물인 블루베리와인 저장고 등을 만들 계획이라고 한다.

이곳만은 둘러보자!
볼거리

🚩 **도자기 공방**

예약제로 운영되는 도자기 공방 체험과 야외 콘서트가 가능한 공연장이 있다. 또한 동구래마을 창작 스튜디오는 총 5개 동에 예술인들이 모여 예술의 꽃을 피울 예정이다. 동구래마을에 봄이 오면 색의 잔치인 '봄꽃 축제'가 열리고, 여름이면 '연꽃 축제', 가을에는 '들꽃 마당전'이 열린다. 겨울은 많은 꽃들이 휴식을 하는 시간이지만 눈이 소복하게 내려앉은 눈꽃 풍경도 정취가 그윽하고 차분해서 좋다. 동구래마을은 화려한 꽃들 사이로 미소를 짓게 하는 도자기들과 도자기에 적힌 시를 읽는 재미도 쏠쏠하다. 도예가가 만든 독특한 화분들은 이곳을 찾는 이들에게 꽃만큼 인기가 있다. 꽃이 가득한 뜰 한쪽에 장식인양 높이 세워 있는 항아리들은 촌장님이 흥겨울 때만 DJ가 되어 들려 주는 항아리 음향 스피커이다.

주소 강원도 화천군 하남면 원천리 650번지 **문의** 010-9244-0868

항아리로 만든 스피커

맛 따라 여행 따라
맛집&숙박

들꽃마당 카페

백 가지 야생화를 직접 따서 말린 백화차(百花茶)를 비롯해 발효 꽃차 등 갖가지 야생화 꽃차를 맛볼 수 있는 곳이다. 계절 상품으로 꽃빙수도 선보일 예정이다. 촌장님 혼자 들꽃을 가꾸며 차를 준비해야 하기 때문에 차를 마시러 가려면 방문 전에 미리 전화를 하고 가는 것이 좋다. 특별식으로는 싱그러운 꽃 비빔밥이 있는데 4인 이상 주문해야 하며 최소한 3일 전에 예약해야 한다.

주소 강원도 화천군 하남면 원천리 동구래마을
문의 010-9244-0868

아쿠아틱리조트

화천군이 직접 운영하는 유럽식 펜션으로, 5개의 독채동과 단체 펜션 3개동이 있다. 북한강이 바라보이고, 강에 면한 곳은 넓은 운동장과 수영장과 회의실이 있고, 강가에서 편안한 휴식을 하기에 좋다. 야외 테이블과 바비큐 시설도 마련되어 있다.

주소 강원 화천군 하남면 원천리 578
문의 033-441-3880
홈페이지 http://www.aquaticresort.com

동구래마을 안내

주소 강원도 화천군 하남면 원천리
문의 010-9244-0868(촌장)

동구래마을 가는 길

승용차	춘천에서 5번 국도를 따라 화천 방향 ➡ 하남면사무소 우측으로 북한강을 끼고 가다가 비포장도로로 진입 ➡ 동구래마을 이정표 ※ 내비게이션에 '아쿠아틱리조트'로 지정, 아쿠아틱리조트 지나면 바로 동구래마을
ITX-청춘열차 및 전철	용산 또는 청량리에서 출발하는 ITX-청춘열차 및 전철 ➡ 춘천역 하차 ➡ 길 건너편 버스 정류장에서 화천행 버스 탑승 ➡ 화천 시외버스 터미널 하차 ➡ 택시로 이동 ➡ 동구래마을
버스	동서울 시외버스 터미널(구의동), 또는 춘천 시외버스 터미널에서 화천 시외버스 터미널 하차 ➡ 택시로 동구래마을 이동

작은 마을에서 만나는 여유

'동구래'의 어원은 '동그란'

동구래마을은
아래에서 올려다보는
하늘이 동그랗기 때문???

그러나 '동구래'란 '동그란'이라는 말에서
유래했으며
모든 사물의 시작인 씨앗과 꽃을
상징하는 의미가 담겨 있다고 한다!

비슷한 의미로,
동구래마을의 모임 이름도 호박회이다.
여럿이 함께 모여 다투지 말고
호박처럼 둥글둥글 잘 살아 보자는 의미다.

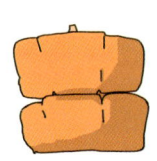

동구래마을에 오면
도예가가 만든 도자기 작품을 꽃과
함께 볼 수 있다.

예약제로 운영되는 도자기 공방 체험도 놓치지 말자!

비수구미마을
자연 그대로의 모습

어깨 위로 별이 쏟아지는 곳

아침에 눈을 뜨자마자 벌떡 일어나 하루 내내 바삐 움직이다 보면 어느덧 하루해가 지고 월요일인가 하면 또 다시 월요일이 찾아오고 전쟁 같은 일터와 일상에서 숨이 막힐 때 우리는 여행을 꿈꾸게 된다.

생태길 가는 길에 있는 출렁다리

생각을 잘하는 사람은 어디에서나 자신이 원하면 모든 스위치를 내리는 음소거 장치를 가지고 있다고 한다. 번잡한 생각들을 일순간 정지시키고 자신을 완벽하게 제로의 상태로 놔두는 것이다. 그릇은 비워야 담을 수 있는 것과 같은 이치이다. 사람은 자신의 무한한 능력을 끌어내기 위해서 자신을 그냥 조용히 던져 둘 시간이 필요하다. 이런 여행을 원한다면 어디로 가면 좋을까? 북적이는 유명 여행지보다는 사람의 손을 타지 않아 자연 그대로의 아름다움에 푹 빠질 수 있는 비수구미마을을 추천하고 싶다. 파로호가 감춰둔 시크릿 여행지가 바로 이곳이다.

해산을 가로질러 호랑이가 나왔다는 아흔 아홉 굽잇길을 지나면 동촌2리 비수구미마을이 나온다. 이 마을은 화천댐이 생기면서부터 육로가 막혀 오지(娛地) 중의 오지가 되어 '육지 속의 섬마을'이라 불리기도 한다. 비수구미는 한국전쟁 직후 피난 온 사람들이 정착하여 화전 밭을 일구며 살기 시작하면서 형성된 마을이

비수구미 생태길

생태길을 따라가면 바닥까지 훤히 비치는 맑은 계곡과 만난다

다. 한때는 100가구가 살았던 때도 있었지만 1970년대부터 하나둘 도시로 빠져나가고 이제는 단 세 가구만이 산간 오지이면서도 수간 오지(水間娛地)인 이곳을 지키고 있다.

MBC 프로그램 '아빠 어디가?'의 첫 회에 나왔던 품걸리마을과 비슷한 상황이지만 그 마을보다 교통이 더 불편한 곳이 비수구미마을이다. 그러나 평화의 댐이 만들어지면서 해산터널이 뚫리고 지금은 비교적 도로 사정이 좋아졌다. 그러나 아직도 마을 바로 앞까지 차를 타고 들어갈 수는 없다. 마을로 가는 길은 세 가지가 있는데 그중에서 해산터널을 지나 바로 오른쪽에 있는 산길 입구부터 비수구미에 이르는 14Km 거리의 트레킹 길 '비수구미 생태길'은 오래도록 기억에 남아 있다.

광릉요강꽃

산길이지만 계곡을 따라가는 편안한 내리막길로 2시간이면 마을에 도착할 수 있다. 한여름 무더위에도 얼음 같이 시원한 계곡물에 목을 축이기도 하고 발을 담그며 마치 신선이 된 듯 무릉도원이 따로 없게 느껴지는 길이다. 잠시 쉬었다가 다시 길을 나서면 광릉요강꽃이 길가에서 수수한 얼굴로 인사를 건넨다.

이곳을 다녀온 사람들은 봄이 시작되는 때도 좋지만 가을이 가장 아름다운 때라고 입을 모은다. 그러나 비수구미는 사계절 어느 때나 좋다. 자신이 하던 일을 잠시 접어 두고 훌쩍 여행을 할 수 있을 때가 비수구미에 찾아오기 가장 좋은 계절이다.

비수구미마을의 유래

마을 이름의 유래는 세 가지이다. 아름다운 물이 흐르는 곳이라는 뜻의 비수구미(泌水九美), 빠르게 흘러가는 물이 굽이쳐 이룬 후미진 곳이라는 뜻의 비수구미(飛水口尾), 유력한 설로 비소고미(非所古未)가 있다. 2000년에 가뭄으로 파로호에 물이 빠지자 비소고미금산동표(非所古未禁山東標)라고 쓰인 바위가 발견되었다. 조선시대 초기 왕궁 건축용 소나무 군락을 보호하고자 베지 말라는 표식을 인근 바위에 새겼는데, 여기에 마을 지명을 비소고미로 표기했던 데 근거한다.

이곳만은 둘러보자!
볼거리

🚩 **평화의 댐**

비수구미마을에서 운영하는 배를 타고 '평화의 댐'까지 쉽게 갈 수 있다. 이 댐은 양구군과 화천군에 걸쳐 있는 댐으로 북한강 줄기의 최북단에 자리하고 있으며 최대 저수량 26억3천만 톤의 대규모 댐이다. 평화의 댐 주변 볼거리로는 물 문화 전시관과 비목공원이 있다.

주소 강원도 화천군 화천읍 동촌리 산321
문의 033-440-2836

🚩 **해산전망대**

화천 시내에서 차를 타고 평화의 댐으로 가는 길에는 1986년 아시아게임을 기념하기 위해 1,986m로 만들었다는 해산터널이 있다. 또한 해산터널을 지나면 해산전망대가 나오는데 그냥 지나치지 말고 들러 보자. 전망대에 서면 파로호의 전경을 한눈에 볼 수 있다. 아침마다 아름다운 일출 풍경을 연출해 해가 떠오르는 산이라는 뜻에서 해산이라고 부른다. 울창한 원시림이 우거져 예전에는 호랑이도 자주 출몰했다고 전해지는 곳이다. 그래서 전망대도 호랑이의 형상에서 착안한 모습이다.

주소 강원도 화천군 화천읍 동촌리   **문의** 033-440-2557

작은 마을에서 만나는 여유

맛 따라 여행 따라
맛집&숙박

 맛집

가정식 산채정식
비수구미마을의 가정집 어디서나 식사가 가능하다. 이곳에는 인근에서 채취한 천연 무공해 산나물로 만든 산채 정식이 있다. 마을 주민이 산에서 직접 뜯은 나물로 만든 반찬이므로 계절에 따라 반찬 수(10~15가지)가 다르다. 산나물과 청국장 등도 판매한다.
비수구미마을을 벗어나면 식당을 찾기가 어려워 인근 식당을 이용해야 한다. 이곳 식당들도 방문 전에 전화를 하고 식사가 가능한지 확인하고 가는 것이 좋다.

청정 지역 산채비빔밥을 기대해도 좋아요.

해오름휴게소 식당
해산터널을 지나면 바로 왼쪽에 있다. 산삼 토종닭과 산삼 비빔밥이 유명하다.

주소 강원도 화천군 화천읍 동촌리
문의 070-7758-7758

해산가든
평화의 댐 가는 길목에 있다. 직접 만든 손두부와 신선한 채소를 넣고 끓여 낸 두부 전골 전문점이다.

주소 강원도 화천군 화천읍 풍산리
문의 033-441-2682

숙박

비수구미마을 모든 가정집에서 민박을 한다.

장씨댁 **문의** 033-442-0145
김씨댁 **문의** 033-442-0962
심씨댁 **문의** 033-442-3952

Info.

비수구미마을 안내

주소 강원도 화천군 화천읍 동촌2리 861-2
문의 033-440-2557

비수구미마을 가는 길

승용차	① 화천 시내 직전에 화천/평화의 댐 이정표 보고 구만교 다리 건너 우회전 ➡ '해산가든' 간판 바로 뒤편에 있는 '비수구미/평화의 댐' 이정표 우회전, 구절양장 ➡ 해산터널 지나자마자 왼편 해오름휴게소 식당 주차장에 주차 ➡ 해산터널 오른편 트레킹 코스 입구에서 14Km 거리의 트레킹 길 '비수구미 생태길'을 내려가면 비수구미마을 ② 평화의 댐 못 미처 선착장에 주차 ➡ 비수구미 장씨네(033-442-0145)로 전화해서 배를 불러 타고 비수구미마을로 간다. ③ 평화의 댐 ➡ 화천 방향 비수구미 갈림길 ➡ 파로호변 비포장 도로 길이 끝나는 지점에 주차 ➡ 화천의 차마고도라 불리는 2.52km 거리 도보
ITX-청춘열차 및 전철	남춘천역 하차 ➡ 화천 시내버스 터미널에서 오음리-간척 방향으로 가는 5번 버스(1일 9회) 승차 ➡ 파로호 회센타 하차 ➡ 비수구미 장씨네로 연락해서 배를 불러 타고 비수구미마을로 간다.
버스	화천 시외버스 터미널 하차 ➡ 화천 시내버스 터미널에서 오음리-간척 방향 5번 버스(1일 9회) 승차 ➡ 파로호 회센타 하차 ➡ 비수구미 장씨네로 연락해서 배를 불러 타고 비수구미마을로 간다.
여객선	구만리 파로호 선착장에서 물빛누리호(1시간 20분) 승선 ➡ 평화의 댐 선착장 하차 후 ➡ 비수구미 장씨네로 연락해서 배를 불러 타고 비수구미마을로 간다.

육지 속의 섬마을

비수구미마을은
산 깊숙한 곳에 위치하고 있어요.

화천댐이 만들어지면서 육로가 막혀
'육지 속의 섬마을'로 불리기도 하죠.

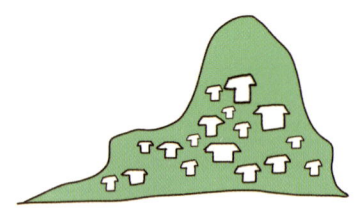

한때 이곳에는 100가구가 넘게 살았는데요.
1970년부터 한두 가구가 도시로 나가기 시작하더니
지금은 3가구만 남았다고 하네요.

평화의 댐과 함께 해산터널이 생겨서 가기는 좀 더 편해졌어요.

비수구미 생태길이 있는데
추천하고 싶은 코스예요.

어깨 위로 별이 쏟아질 것 같은
비수구미마을에서
잊지 못할 추억을 만들어 보면 어떨까요?!

연꽃마을
선계에 핀다는 연꽃

보고 있어도 또 보고 싶은 곳

서오지리 연꽃마을은 다리 하나를 사이에 두고 춘천시와 화천군으로 갈라지는 지점에 있다.

연꽃마을은 특별히 여름이 한창일 때 꼭 가야 하는 곳이다. 수백 종의 연꽃이 펼치는 장관은 아무 때나 볼 수 있는 것이 아니기 때문이다. 그래서 연을 사랑하는 사람들은 개화 시기를 손꼽아 기다렸다가 놓치지 않고 때를 맞춰 서오지리로 온다. 여름이면 연꽃 사진을 찍기 위해 전국에서 찾아온 사진작가들과 연꽃 향기를 즐기려는 사람들로 북적인다.

보통의 연꽃은 깨끗하지 않은 물이나 진흙 속에서도 더러움에 때 묻지 않고 고

결하게 피어나 더욱 아름답다고 알려져 있으나 이곳 서오지리에서 피는 연꽃은 사정이 다르다. 눈이 시리도록 푸른 산들이 에워싼 북한강 상류 청정 지역에서 귀하게 대접받으며 자라고 있기 때문이다. 맑은 새소리와 시원한 바람 속에서 자라기 때문에 다른 지역 연꽃과는 비교할 수 없는 청정함이 돋보인다.

활짝 핀 연꽃

 사람들은 대부분 꽃을 좋아하지만, 그 중에서도 유독 연꽃을 사랑하는 사람이 많다. 마치 그리운 친구를 만나러 가듯 연이 피는 시기가 되면 서오지리 연꽃마을은 물론이고 전국 곳곳에 핀 연을 보기 위해 순례 여행을 하는 사람도 많다.

 신기하게도 연꽃 향기는 거리가 멀수록 향기로워 다가서기도 전에 사람의 마음을 흔들어 놓는다. 완벽한 연꽃의 아름다움 사이사이로 이미 오래 전에 헤어져 지금은 만날 수 없는 이름이 떠오른다. 연꽃들이 피고 지는 소리를 들으며 걷는다. 걸핏하면 화를 내고 짜증을 부리고 다투는 횟수가 점점 많아지면서 잡았던 손을 놓았던 기억들이 한편의 영화처럼 스쳐 간다. 觀水洗心 觀花美心(관수세심 관화미심)-물을 보며 마음을 씻고, 꽃을 보며 마음을 아름답게 하라-이라는 중국 옛 성현 장자의 말씀을 일찍이 깨달았더라면 하는 아쉬움이 남는다. 이런 사람의 마음을 아는지 '추억이 있다는 것은 살아가는 힘이 되고 재미가 될 수도 있지 않느냐'

고 연꽃이 염화시중(拈華示衆)의 미소를 지어 준다.

건넌들의 터닝 포인트

연꽃은 지상의 꽃이 아니라 선계에서나 볼 수 있는 고결한 아름다움으로 칭송받는다. 중국 송나라 철학자 주돈이(흔히 주자라고 한다)는 '애련설'에서 자신의 연꽃 사랑을 시로 남길 정도로 특별한 관심을 갖고 있었다.

서오지리에 연꽃마을이 생기기 전, 이곳은 춘천시 사북면 지촌리 건너에 있다는 뜻으로 '건넌들'이라고 불리던 늪지대였다. 그 당시에는 해마다 장마철이 지나고 나면 낚시꾼들이 버리고 간 쓰레기가 떠내려 오곤 했고, 그 물이 고이고 썩어 물고기가 떼죽음을 당하는 늪으로 몸살을 앓고 있었다.

그러나 도시에서 귀농한 서윤석 씨 가족이 1996년 이 마을에 정착하면서 변화가 시작되었다. 서윤석 씨는 회사를 운영하던 CEO로 농촌 생활을 꿈꾸던 중 과감히 도시 생활을 버리고 이곳을 선택하였다. 그 후 서윤석 씨를 중심으로 마을에 사는 10가구 주민들이 모여 건넌들을 정화시키기 위한 대책 회의를 거듭한 끝에 2005년부터 연을 심기 시작하여 10여 년이 지난 지금은 400여 종의 다양한 연꽃들이 건넌들을 수놓고 있다. 이제 죽어 가던 건너들 늪지대는 연꽃으로 보는 이들의 마음을 설레게 하고 있을 뿐만 아니라 뜸부기, 원앙 등 희귀 조류 동물의 천국이 되었고 가물치, 잉어, 붕어 등이 서식하게 되었다.

400여 종의 연꽃으로 가득 채워진 건넌들의 늪

마치 모네의 정원같은 풍경

조류 동물들의 천국

　전래 동화 심청전에 보면 주인공 청이가 아버지의 눈을 뜨게 하기 위해 공양미 삼백 석에 팔려 임당수에 빠지는데 이를 딱하게 여긴 용왕님이 도와 청이가 환생을 하게 된다. 심청이가 다시 살아 돌아올 때 연꽃에서 나온다. 이렇듯이 우리나라에서는 연꽃이 재생과 부활을 상징한다. 버려지고 병들어 가던 건넌들 늪지대가 연꽃 단지를 이루면서 맑고 아름다운 세상으로 다시 태어났으니 우리 조상님들이 연에 품은 생각과도 상통하는 곳이기도 하다.

　사람은 어느 시기에 누구를 만나느냐에 따라 운명이 달라진다고 한다. 그래서 좋은 친구 좋은 멘토가 꼭 필요하다고 한다. 서윤석 씨가 이곳에 정착해 연꽃마을이 만들어지기까지 지난 이야기를 듣고 있자니 사람뿐 아니라 지역도 크게 변화되는 터닝 포인트는 역시 함께하는 누군가를 만나느냐에 달려 있다는 생각이 들었다.

연꽃 상식
연꽃은 해가 뜨기 시작하는 아침에 피어나고 오후 무렵이면 꽃이 다물어지기 때문에 활짝 핀 꽃을 감상하려면 오전에 방문해야 한다.

이곳만은 둘러보자!
볼거리

 현지사

연꽃마을로 들어오는 입구에 있는 현지사는 행정 구역으로는 강원도 춘천시 사북면 지촌리에 위치한 절이다. 현재 한국에서 부처님 오신 날 연등을 가장 많이 다는 절로도 유명하고 경주 불국사 외에 다보탑과 석가탑이 있는 사찰이기도 하다. 연꽃마을을 오가는 길에 잠시 들르는 것도 좋다.

주소 강원도 화천군 춘천시 사부면 지촌리 95
문의 033-243-1795

 쪽배축제

연꽃마을에 연꽃이 한창일 무렵 화천에서는 쪽배축제(7월 중순~8월 중순)가 열린다. 쪽배축제를 검색해서 기간을 확인해 본 후 연꽃마을과 함께 여행 일정을 짜면 알차다.

맛 따라 여행 따라
맛집&숙박

> 색다른 맛의 연차 아이스크림, 달콤하고 향기로워요.

맛집

연 체험관

연잎차, 연잎밥, 연차 아이스크림, 연 슬러시, 연잎 막걸리 등 연을 테마로 한 먹거리를 맛볼 수 있다. 단체 관광객을 중심으로 연콩물국수, 연꽃튀김, 연지(연뿌리 동치미) 등 26여 종의 음식과 고급 선물용으로 연차와 연주, 가정용 연화분도 판매한다. 단체 관광객들은 미리 전화로 예약을 하면 저렴한 가격으로 연꽃을 이용한 식사 등 음식을 제공받을 수 있다.

주소 강원도 화천군 하남면 서오지리
문의 010-440-2852

숙박

향기나라사랑이펜션&러브팜캠프

연꽃마을에는 여행자를 위한 숙소가 마련되어 있지 않다. 연꽃을 실컷 보았다면 이제 꽃이 가득한 정원이 있는 숙소에서 하룻밤을 지낼 것을 추천한다. 펜션과 이웃해 있는 캠프장은 허브 꽃 농장 안에 있어 마치 한 장의 멋진 그림엽서 속에 들어가 있는 듯 풍경이 아름답다. 강원도와 경기도와 만나는 접경 지역으로 수도권과의 접근성이 좋아 서울에서 1시간 30분이면 도착한다.

주소 강원도 화천군 사내면 삼일리 168
문의 010-8489-2479, 010-3834-3476
홈페이지 www.러브팜.com

Info.

연꽃마을 안내

주소 강원도 화천군 하남면 서오지리
(현지사 입구로 진입)

문의 033-440-2852

연꽃마을 가는 길

승용차	①중앙 고속도로 춘천IC 지나 5Km 직진 ➡ 소양2교에서 화천 방향(춘천댐, 102보충대 방향) ➡ 지촌리 현지사 이정표를 보고 우회전 ➡ 다리를 건너면 연꽃마을 ②서울에서 출발하여 구리 지나(46번 국도) 가평 방향 ➡ 춘천댐(70번 지방국도) 지나 10Km 직진 ➡ 우측에 현지사 간판 보고 우회전 ➡ 주차장 통과 ➡ 다리를 건너면 연꽃마을 ※ 내비게이션에서 연꽃마을 또는 현지사로 장소 지정을 하면 찾기 쉽다.
ITX-청춘열차 및 전철	용산 또는 청량리에서 출발하는 ITX-청춘열차 및 전철 승차 ➡ 남춘천역 하차 ➡ 춘천 시외버스 터미널로 이동하여 화천행 버스 승차 ➡ 현지사 하차
버스	동서울 시외버스 터미널(구의동), 강남 고속 터미널, 상봉 터미널 또는 춘천 버스 터미널에서 화천행 시외버스 승차 ➡ 현지사 하차
택시	춘천 터미널에서 택시를 이용할 수 있다. 콜벤 휴대전화 : 011-9122-7167 콜택시 휴대전화 : 010-4059-9602

선계에 들어온 듯 착각하는 마을

연꽃마을은
현지사 건너 서오지리에 있답니다.
여름이 한창일 때
3만평 위에 핀 연꽃들이 장관이죠.

그런데 처음부터 귀한
연꽃들이 가득했던 건 아니랍니다.

연꽃을 심기 전에는
낚시꾼들이 버리고 간
쓰레기들이 정말 많았거든요.

주민들이 모여 연(蓮)을 심기 시작하면서

10여 년이 지난 지금 400여 종의 다양한 연꽃이 서오지리를 수놓고 있답니다.

지금은 선계에서나 볼 수 있다는 고결한 아름다움으로 칭송받는 연꽃이 피어 있는 마을이 되었죠.

서오지리에 피는 연꽃은 눈이 시리도록 푸른 산들이 에워싼 북한강 상류 청정 지역에서 귀하게 대접받으며 자라고 있답니다.

토고미마을
건강 밥상을 지키는 마을

"농약과 제초제 그리고 화학 비료를 전혀 사용하지 않는 친환경 유기 농업을 실천하여 건강한 먹거리를 만들어 소비자 여러분과 함께 나누는 생명 존중 농법만을 실천하겠습니다. 우리 가족과 소비자의 가족, 인류의 생명을 지키고 자연 생태계를 살리는 자연 사랑 농업, 안전한 밥상을 지키는 농업을 실천하겠습니다."

강원도 화천군 상서면 신대리에 있는 토고미마을에서 농사 짓는 방향을 정하고 실천하기 위해 만든 결의문이다. 마을에 도착해 길을 따라 걸어 들어가 보면 너무나도 조용하고 아름다워 마치 한 장의 그림을 마주하고 있는 듯한 착각이 든다. 이렇게 평화로운 풍경 속에 사는 사람들이 온 인류 생명을 지키고 지구를 살리겠다는 의지가 결연하니 더욱 감동적으로 다가온다.

마을에서는 결의문의 약속을 지키기 위해 친환경 농업 방식으로 오리 농법을 시작했다. 모를 심은 뒤 어린 오리들을 논에 풀어 김을 매고 벌레를 잡도록 하는 농법인데 한바탕 불어닥친 조류독감 때문에 지금은 우렁이 농법으로 전환했다고 한다. 자세를 낮춰 논바닥을 자세히 살피면 우렁이들이 열심히 일을 하고 있는 것을 볼 수 있다. 또한 고개를 들어 산과 함께 펼쳐진 마을 풍경을 보면 만화 캐릭터처럼 귀여운 오리 모양의 집을 논두렁 곳곳에서 볼 수 있다. 백로가 춤을 추는 논을 따라 마을을 거닐다 보니 문득 '옳은 것은 쉽다'는 장자의 말이 떠오른다. '밥상을 지켜야 사람이 산다'는 것은 글을 깨우쳤다면 누구나 알 만한 내용이고 당연한 말이다. 단순함 안에 진리가 있음을 토고미마을에서 깨우친다. 올바른 생각과 행동이 움직이면 세상도 조금씩 움직인다는 것을 실천하고 있으며 직접 보여주고 있기 때문에 토고미마을에는 희망이 있다.

친환경
우렁농법
시행지역

이곳에서 생산되는 쌀은 전량 회원들이 구입하고 있다. 생명 존중 농법을 실천하는 토고미마을의 노력에 박수를 보내는 사람이 많다는 것이다. 마을에서는 쌀을 구매하는 회원들에게 감사의 마음을 담아 농촌 체험 프로그램으로 보답하고 있다. 토고미마을이 꿈꾸는 세상은 이미 꿈이 아닌 '희망'으로 소통하며 완성되어 가고 있는 셈이다. 희망이 모든 어려움을 이길 수 있다는 것을 보여주는 멋진 마을이다.

토고미마을 팜스테이(Farm Stay)

토고미마을에서 숙소 개념은 토고미 쌀로 인연이 된 전국 회원들을 위해 준비하면서부터 시작되었다. 반짝이는 화려함은 없지만 시골스러운 소박함을 간직하고 있다. 숙소는 노인정, 마을회관, 민박, 펜션, 폐교를 활용하고 있다. 마을을 찾아온 손님들을 위해 하나둘 만들기 시작한 농촌 체험 프로그램은 이제는 다양한 프로그램을 갖추고 활발하게 진행되고 있다. 농촌 체험 행사는 사계절 특징에 맞춰 준비되어 있다.

계절별 체험 프로그램

봄	풀잎 손수건 만들기, 소 여물 주기, 모 심기
여름	옥수수 수확 체험, 개울가 물놀이
가을	메뚜기 잡기, 디딜방아 체험, 현미 가공 체험(뻥튀기)
겨울	나무 목걸이 만들기
연중	트렉터 열차 타기, 떡메 치기, 두부 만들기, 토고미 올림픽

이곳만은 둘러보자!
볼거리

 만산동계곡, 산천어밸리, 붕어섬
토고미마을에서 조금만 위로 올라가면 만산동계곡이 나온다. 20km 길이인 계곡은 물이 투명하고 맑다.
또한 인근에는 붕어섬이 있어 레일 바이크, 월엽편주 등 다양한 수상 레포츠를 즐길 수 있다.

맛 따라 여행 따라
맛집&숙박

특산물로 쌀 이외에도 고추, 감자, 토종 꿀이 있고 마을에서 자체적으로 만든 발효 음료를 생산하고 있다. 쑥, 칡, 솔잎, 취나물, 미나리, 민들레, 냉이 등을 설탕 등에 재어서 최소 6개월에서 7년까지 숙성 발효시킨 음료로 피로, 두통, 혈액 순환에 효능이 있다.

토고미손두부
신대리 토고미마을 근처에 위치한 손두부 식당은 건물이 일반 가정집이라 더욱 정겨운 음식점이다. 손두부 전골은 직접 만든 손두부와 당면, 버섯, 채소를 넣고 끓여 먹는 건강식으로 이 집의 대표 메뉴이다. 반찬으로 생선, 김치, 노박무침, 고구마순, 새우볶음, 계란말이 등이 나온다. 두부 요리 외에도 집에서 직접 키운 닭으로 만든 닭백숙, 잘 익은 김치를 넣고 끓인 김치찌개, 집에서 띄운 청국장으로 만든 청국장찌개 등이 있다.

주소 강원도 화천군 상서면 신대리 749-9 | 문의 033-441-5891 | 시간 10:00~21:00 | 연중무휴

산천어밸리 식당
산천어밸리 식당에서 맛있는 산천어 매운탕 맛을 놓치지 말자.

문의 010-2823-8101 | 시간 10:00~21:00 | 연중무휴

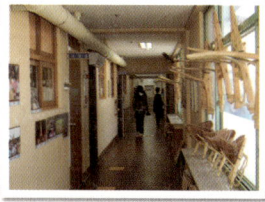

토고미마을 숙소로는 노인정, 마을회관, 민박, 펜션, 폐교를 활용한 곳이 있다. 문의는 토고미마을로 하면 친절하게 안내해 준다.

문의 033-441-7254 | 홈페이지 http://togomi.invil.org/

Info.

토고미마을 안내

주소 강원도 화천군 상서면 신대리 387-1
문의 033-441-7254
홈페이지 http://togomi.invil.org

토고미마을 가는 길

승용차	서울 출발 ➡ 경춘 가도 ➡ 신포리 검문소 ➡ 화천읍(5번국도, 407번 지방도) ➡ 신대리(5번 국도) 도착
ITX-청춘열차 및 전철	용산 또는 청량리에서 출발하는 ITX-청춘열차 및 전철 승차 ➡ 남춘천역에서 하차 ➡ 춘천 시외버스 터미널로 이동하여 화천행 시외버스 승차 ➡ 화천 버스 터미널에서 하차 후 시내버스 환승 ➡ 신대리 하차
버스	동서울 터미널에서 탑승하여 화천 버스 터미널에서 하차 ➡ 시내버스 7번(1일 17회) 환승 ➡ 신대리 하차

친환경 유기농 쌀

선서!

농약과 제초제 그리고 화학 비료를 전혀 사용하지 않는 친환경 유기 농법을 실천하여 건강한 먹거리를 만들어 소비자 여러분과 함께 나누는 생명 존중 농법만을 실천하겠습니다.

나 토고미마을 농부!
토고미마을에서 만든 결의문이에요.

이곳에서 생산되는 쌀은 전량 회원들이 구입하고 있어요.
생명 존중 농법을 실천하는 토고미마을의 노력에
박수를 보내는 사람들이 많다는 증거이기도 하죠.

PART 2

예술이
희망이 되는 시간

이외수의 감성마을 | 화가 길종갑 | 아티스트 목수 이정인 |
극단 뛰다의 터전 | 월하 이태극 문학관

이외수의 감성마을
감성마을 5일장

글밥을 먹고 사는 고독한 물고기 이외수

할 얘기가 많은 화천 중에서 제일로 치는 주제로 이야기를 시작해 보라고 하면 단연 이외수 작가를 꼽고 싶다. '사람이 꽃보다 아름답다는 것'을 보여주는 사람이기 때문이다. 그에 대한 이야기만으로도 일년 열두 달의 시간이 턱없이 부족하다. 100만 트위터 팔로워를 가진 유명 트위터리안이며 시대의 기인이자 청년들의 멘토이고 삶 자체가 그대로 소설인 소설가이며 화가인 그가 자작나무로 숲을 이룬 화천군 상서면 다목리에 살고 있다.

이외수 작가는 2006년에 이곳으로 창작 공간을 옮긴 후 감성마을이라 이름 짓고 다람쥐, 산토끼, 고라니, 개구리의 이웃이 되어 자연과 살고 있다.

작가의 외모는 한마디로 MBC-TV '무한도전'에서 못친소('못생긴 친구를 소개합니다.'의 줄임말) 코너에 나올 만한 모습일지도 모른다. 실제로 작가 스스로 외모 면에서는 콤플렉스 덩어리였다고 밝힌 바 있다. 어린 시절부터 왜소해서 고등학교 졸업할 때까지 키는 160cm가 조금 넘는 정도였다고 한다.

신체적 열등감, 가난한 생활, 시골에서 성장해 어쩐지 지식이 부족할 것 같아 주눅 들었던 청년 시절, 뭐 하나 내세울 것이 없어 고민하다가 한 가지를 아주 잘해 보자 결심하였고 그 의지가 빛을 내 인정을 받으면서 열등감을 극복할 수 있었다고 한다. 그래서 열등감은 자기 발전의 원동력이 될 수 있으므로 열등하다고 주저앉지 말고 '청춘이여, 하나를 붙잡고 자신을 불태우라!'고 충고해 준다.

5년간 글감옥 생활을 한 이외수 작가

소설을 쓰기 전에 그는 화가 지망생이었다. 그래서 이외수문학관에 오면 단 한 번의 호흡과 단 한 번의 붓질로 그린 독특한 그림들이 전시되어 있다. 신선이 놀다 가듯이 그린다 하여 선화(仙畵)라 부르는데 붓으로 하여금 자신을 쓰게 하는 일필휘지 기법으로 순간이 가지고 있는 찰나야말로 영원과 다르지 않다는 그의 철학을 그림을 통해 엿볼 수 있다.

이렇듯 다목리의 푸른 숲을 병풍처럼 두르고 신선과도 같이 조용함을 즐기는 이외수 작가가 제일 많이 받는 질문은 뜻밖에도 '좌파냐 우파냐'이다. 정치인으로 출마할 것도 아닌 예술가에게 세상 사람들은 어찌 이런 우문을 던지는지 모를 일이지만 그의 대답은 간결하다.

5년간 스스로 집안에 감옥 문을 만들어 글감옥 생활을 했던 이유는 자신이 너무도 자유분방하고 통제가 안 되는 사람이었기 때문이라고 한다. 그만큼 격식에 얽매이지 않는 자유라는 이름의 우주이다. 좌파냐 우파냐가 중요한 것이 아니고 모든 예술가는 이 시대가 썩지 않게 만드는 방부제 역할을 해야 한다고 작가는 말한다. 그러기에 자신은 세상이 썩는 것을 본다면 외면하지 않고 지적하고 밝히고 개선되도록 노력해야 할 책임이 있을 뿐이라고 말한다.

그는 친구도 적으로 생각하고 살아야 하는 성적 위주의 교육이 인간을 황폐하게 만든다고 한탄한다. 머리 공부보다는 마음 공부를 시켜야 아이들이 행복해진다고 세상 걱정을 한다. 머리 좋은 사람들이 많은 세상보다는 마음이 좋은 사람이 많은 세상이 아름답다고 믿는 그는 감성이 살아 있는 마을을 만들고 싶어 이곳을 '감성마을'이라고 이름 지었다고 한다. 허울 좋은 서울 생활이 힘겨울 때 이 시대의 멘토 고독한 물고기 이외수 작가가 살고 있는 화천 감성마을로 가 보자.

이외수 문학전시관 감성마을 5일장(章)

화천군에서는 소설가 이외수의 작업 공간을 다목리에 마련하면서 감성 테마 문학 공원을 조성했다. 특별히 이외수 작가가 살고 있는 곳을 감성마을이라 부르는데 '자연이 주인인 마을, 감성이 살아나는 마을'이라는 의미로 지은 이름이다. 감성 테마 문학 공원은 그의 인생을 기록한 문학 전시관과 강연을 위한 전통 한옥

감성테마공원
가는 길

눈 내리는 모월당

모월당, 마음을 울리는 시비가 있는 산책로, 생태 주차장 등으로 구성되어 있다. 특별히 문학 전시관에서는 그의 소설 작품 세계를 엿볼 수 있을 뿐만 아니라 화가로서의 미술 작업 등을 살펴볼 수 있다.

조용한 감성마을은 이 시대의 천재이자 기인인 그를 멘토로 만나고 싶어 찾아오는 열혈 독자의 발길이 끊이지 않는다. 운이 좋다면 이외수 작가의 친절한 작품 설명과 친필 사인도 받을 수 있으니 이외수 작가의 팬이라면 놓칠 수 없는 장소이다.

그중에서도 해마다 8월에 열리는 '감성마을 5일장(章)'은 감성마을의 문학에 푹 빠질 수 있는 좋은 기회인 동시에 북한강 자락 붕어섬에서 더위를 식히며 시원한 여름을 보낼 수 있다. 우리가 아는 5일장(場)이라고 하면 5일마다 시장이 열린다는 의미인데 감성마을 5일장(章)은 글 장 '章' 자를 써서 5일간의 글이라는 뜻으로 문학 축제를 뜻한다. 또한 여기에서 5는 오감(후각·시각·미각·청각·촉각)을 의미해 5일의 축제 기간 동안 각각 하나의 주제로 행사가 이루어지는 것도 재미있다. 이외수 작가의 문학 강연과 음악회, 문학 기행, 독서 진흥 백일장과 밴드 공연, 농어촌 사랑 학생 백일장 등 이 시대 사람들에게 문학으로 희망을 깨우겠다는 이외수 작가의 바람이 담긴 축제라 더욱 의미가 있다.

온 가족이 함께 자연을 만끽하며 잠자고 있던 감성도 깨우고 작가 이외수의 문학 세계를 만날 수 있는 좋은 기회가 된다. 해마다 열리는 감성마을 5일장(章) 관련 자세한 문의는 화천군 문화체육과(033-440-2541, www.ogamstory.com)로 하면 된다.

감성마을 5일장 행사

이곳만은 둘러보자!
볼거리

🚩 화천 쪽배축제

감성마을 5일장(章)에 왔다면 붕어섬에서 펼쳐지는 화천 쪽배 축제도 챙겨 보자. 감성마을 5일장(章)은 해마다 화천 쪽배 축제 기간에 열린다. 또한 감성마을 5일장(章)이 주최하는 백일장 참가자는 쪽배 축제를 무료로 즐길 수 있는 혜택도 있으니 기회를 놓치지 말자. 시간적 여유가 있는 여행 중이라면 감성마을 5일장(章)과 화천 쪽배 축제 그리고 연꽃마을로 이어지는 일석삼조 알찬 여행을 추천한다.

🚩 연꽃마을

화천에서 감성마을 5일장(章)과 화천 쪽배 축제가 열리는 기간은 일 년 중 연꽃이 가장 화려하게 만개하는 계절이다. 북한강 자락 서오지리 지역 3만평 위에 펼쳐진 연꽃 물결은 너무도 아름다워 누구나 감탄이 저절로 나온다. 연꽃마을은 춘천과 화천의 경계 지점 현지사 맞은편에 있어 화천을 오고 가는 길에 잠시 들르기 좋다.

주소 강원도 화천군 하남면 서오지리
문의 033-440-2575

맛 따라 여행 따라
맛집&숙박

옛골식당

화천에서 유명한 먹거리로 이름도 독특한 '외도리탕'이 있다. 이외수의 '외'자를 빌려와 이외수 작가가 즐겨먹는 닭도리탕이라는 의미로 '외도리탕'이라고 부른다. 외도리탕만의 특징을 말하자면 닭의 내장까지 푹 끓여 맛이 깊다. 가격 3만원에 4~5명이 먹을 만큼 푸짐하고 기본 밑반찬이 6가지로 가지런히 나온다. 외도리탕을 팔고 있는 옛골식당은 다목리가 아니라 화천 시외버스 터미널 근처 화천시장에 있다. 여름철에는 손으로 직접 면을 반죽해서 만든 콩국수도 맛이 좋아 인기 메뉴이다.

주소 강원도 화천군 화천읍 하리 화천시장
문의 033-441-5565

감성마을 안에는 음식점이 없다

감성마을 안에는 이외수 작가의 집과 문학관만 있을 뿐 여행자들이 식사할 곳이 없다. 마을 부근에서는 캠핑 및 야외 취사를 절대 금하고 있기 때문에 근처 다목리마을 식당가로 가서 식사를 해야 한다.

그랑프리모텔 **문의** 033-441-2071
다목민박   **문의** 033-441-1428
파크장여관 **문의** 033-441-7110
목화장   **문의** 033-441-7248

Info.

감성 테마 문학 공원
- 주소 강원도 화천군 상서면 다목리 792
- 문의 033-440-2547
- 시간 연중무휴
- 입장료 없음

이용_ 이외수문학관
- 주소 강원도 화천군 상서면 다목리 799 감성마을
- 문의 033-441-1253
- 홈페이지 www.oisoo.co.kr/town
- 시간 10:00~18:00 | 휴관일: 매주 월, 화요일
- 입장료 무료

감성마을 가는 길

승용차
① 서울 외곽 순환 고속도로 ➡ 퇴계원 IC ➡ 포천 방면(47번 국도) ➡ 이동막걸리공장 지나서 우회전, 백운계곡 방면(372번 지방도) ➡ 감성마을(56번 국도)
② 포천 백운계곡(광덕계곡) ➡ 광덕리-사창리-다목리(316번 지방도)
③ 서울·춘천 고속도로 ➡ 춘천 분기점 ➡ 중앙 고속도로 ➡ 춘천 IC ➡ 화천 방면(5번 국도) ➡ 감성마을(56번 국도)
④ 각 지역 출발 ➡ 춘천(5번 국도, 407번 지방도) ➡ 신풍리-신대리-상서면(5번 국도) ➡ 다목리 방향(461번 지방도) ➡ 다목리 500m

버스
① 서울 동서울 터미널 ➡ 다목리(매일 8회 운행, 2시간 10분)
② 춘천 시외버스 터미널 ➡ 다목리(매일 4회 운행, 1시간 20분)
③ 화천 시내버스 터미널 ➡ 다목리(매일 9회 운행, 40분)

내멋대로 살고파 찾아 들어온 예술가

화천하면 이외수 선생님을 빼놓을 수가 없죠.

다목리에서 신선처럼 사는 이외수 선생님에게
사람들이 많이 하는 질문은
좌파냐 우파냐 하는 정치적인 질문입니다.

그에 대한 대답은 이렇습니다.

"내멋대로 살고파!"

선생님의 말씀만큼이나
가슴이 따뜻해지는 감성마을입니다.

화가 길종갑
농사 짓는 화가 아저씨

농사 짓는 화가 아저씨

농사 짓다가 옷을 툭툭 털며 손님을 맞는다. 첫인상은 시골 마을 어디에서나 만날 수 있는 평범한 농사꾼 아저씨이다. 그런데 그는 아무것도 꾸미지 않고도 전혀 초라해 보이지 않았다. 오히려 자연이 주는 사랑을 듬뿍 머금은 눈은 너무도 맑아 빛이 났다.

길종갑 화가 작업실

아버지의 병환으로 화천군 삼일리에 들어온 이후로 토마토와 꽃을 키우는 농사만으로도 녹록치 않은 일인데, 그는 단 한 번도 붓을 놓지 않았다고 한다. 농사철이 한창인 봄부터 가을까지는 농사일을 마친 후에야 비로소 그림을 그릴 수 있어 시간이 늘 부족하다고 안타까워한다.

그러나 그가 팍팍한 도시에 살면서 그림만 그리는 화가였더라면 지금의 그는 없었을 것이다. 그가 고향에 돌아와 농사를 지으며 그림 작업을 병행하게 된 것은 어쩌면 그의 운명이 아닐까 하는 생각이 든다. 많은 어려움을 겪어야 좋은 일이 실현된다는 뜻의 고진감래라는 말이 그에게 위로가 될지는 모르겠지만 그가 땀 흘려 농사를 짓는 동안 진짜 중요한 가치들을 흙속에서 발견했고 그가 태어난 곳이 얼마나 멋진 곳인지 도시에서 공부를 하고 돌아온 뒤에야 비로소 깨닫게 되었으니 말이다.

인간은 모두 대지의 자손이며 나무나 풀보다 인간이 더 나은 것도 없는데 인간은 겸손하지 못하고 자연을 깔보며 지금도 자연을 함부로 파괴하고 있다고 농사짓는 화가는 그림을 통하여 경고하고 있다. 자연과 인간은 평등하다는 것이 그의 생각이다. 오히려 인간은 자신의 생명을 유지하기 위해 자연에 한없이 의존하고 있으니 이런 사실을 알게 된다면 인간은 자연에 대해 오직 감사만이 있을 뿐이라며 맑은 눈을 반짝인다.

다시 그리는 '신곡운구곡도' 이야기

　화가 길종갑이 그리고 있는 '신곡운구곡도'는 조선시대에 그렸던 '곡운구곡도'의 풍경을 그의 시각으로 풀어 그리는 작업이다. 시간을 거슬러 올라가 이 지역이 조선시대였을 때 성리학자 김수증은 관직에서 물러나 삼일계곡에 화음동이라는 정자를 짓고 당대 제일 가는 화가인 최세걸에게 부탁하여 계곡을 9폭에 나누어 그리게 하였다. 그리고 김수증은 각 계곡을 그린 9폭의 그림마다 시를 지어 넣었는데 그것이 현재 국립 중앙박물관에 소장된 '곡운구곡도'이다.

　340여 년의 시간이 흐른 지금, 화가 길종갑은 옛 선비의 눈으로 곡운구곡을 다시 그리고 있다.

　그의 그림에는 자연을 함부로 훼손하는 상황을 꾸짖고 있는 조선시대의 학자 김수증과 선비들, 지금 이 마을에 살고 있는 사람들이 시공을

국립 중앙박물관에 보관 중에 곡운구곡도 중 2곡 청옥협, 3곡 신녀협, 4곡 백운담

초월해 함께 출연한다. 그의 그림은 기운차며 매우 쉽게 읽힌다. 길종갑은 그림 속에 이해하기 어려운 장치나 잔재주를 부리지 않기 때문이다. 보는 이들이 쉽게 재미를 느끼고, 그림이지만 소설을 보는 듯한 그림을 그린다. 그래서 그의 그림에 대

한 평가를 보면 '스토리텔링 형식의 서양 미술 기법으로 농촌의 풍경과 일상을 섬세하게 표현했다'고 하는 것이다.

　고된 농사일을 하면서도 매년 개인전을 열만큼 열정적인 화가 길종갑은 이 마을의 큰 자랑거리이다. 삼일리에 와서 화가 길종갑의 집을 찾으려면 길 가는 사람 아무나 붙잡고 물어보면 된다. 길을 가르쳐 줄 뿐 아니라 친절하게 집까지 직접 동행해 주면서 2012년에는 길종갑 화가가 '화천 군민상'을 수상하기도 했다고 마치 자신이 상을 받은 것처럼 기뻐하며 말해 준다. 그리고 자신도 그의 그림 안에 있다고 살짝 귀띔해 준다. 오늘도 화가 길종갑은 서두르지 않고 자기 자리에서 열심히 농사를 짓고 그림을 그리면서 순수하게 살고 있다.

삼일리 금낭화와 희귀동물 사향노루

화가 길종갑이 살고 있는 삼일리에 5월이 오면 '당신을 따르겠어요'라고 속삭이는 부끄러운 듯 수줍은 담홍색 금낭화 향기에 취한다. 한국이 원산지인 이 꽃은 관상용 뿐 아니라 어린 잎은 삶아 밥상에 나물로 오르고 한방에서는 타박상, 종기를 치료하는 약재로 쓰인다. 유독 삼일리에 핀 금낭화가 향과 색이 짙은데 그 이유를 마을 어른들께 여쭤 보니 삼일계곡의 맑은 물 덕분이라고 입을 모은다.

　삼일리에서는 금낭화가 한창 필 무렵이 되면 화가와 문인들이 모여 문화 행사를 연다. 마을 어른들께서 삼일리에는 향기 좋은 금낭화뿐 아니라 매우 희귀한 사향노루가 숲 속에 살고 있다고 말해 주신다. 사향노루는 사람의 눈에 띠지 않는 깊은 산속에 살고 있어 마을에서는 직접 볼 수 없다고 한다. 사향노루의 사향은 향수 제조 및 약재로 매우 가치가 높아 마구 사냥을 하는 바람에 이제는 멸종 위기에 처해 있다. 몸길이는 80cm 전후이며 암수 모두 뿔이 없어 성별이 구분하기 힘들고 후반신이 어깨보다 높아 험한 바위에서도 잘 뛰는 특징이 있다고 한다. 사향노루 가족이 언제까지나 공기 좋고 물 좋은 삼일리에서 행복하게 살길 바란다.

길종갑 화가의 신곡운구곡도

삼일계곡   삼일리에 핀 금낭화

화악산 토마토, 목도소리, 천연 벌꿀

화악산 토마토는 씻지 않고 먹어도 좋을 만큼 청정함을 자랑한다. 또한 화악산 토마토는 쉽게 물러지지 않아 구입 후 보관하기도 좋아 농수산물 시장에서 다른 토마토에 비해 비싼 가격으로 거래된다.

2004년부터 매년 7월 말이면 사내면 사창리 문화마을 일대에서 화악산 토마토 축제가 열린다. 토마토 수확 기간은 7, 8월에 수확하는 전작과 9, 10월에 수확하는 후작이 있다. 이때 사창리를 방문하면 탱글탱글한 토마토를 실컷 맛볼 수 있다.

토마토 조각 공원에는 목도소리 장인 신금철 씨가 살고 있다. 궁중에서 쓸 나무가 많았던 화천의 특수한 상황에서 불리던 목도소리에 대한 궁금증을 풀고 싶다면 신금철 씨가 운영하는 동우네식당에 들러 아침 식사를 해 보는 것도 좋다.

또한 화악산 계곡 물을 따라 가다 보면 그냥 지나칠 수 없는 사람이 있다. 자연 벌꿀을 채취하는 황도현 씨인데 한쪽 다리가 불편한 소아마비 장애인인데도 험한 산을 타고 다니는 그는 방송 출연도 수차례 한 이 지역 유명인이기도 하다. 그는 곧잘 바위 위에 앉아 지나가는 여행자를 위해 멋들어진 노래를 불러 준다. 멋진 노래가 산자락에 울려 퍼지면 그가 부른 노래라 생각하면 된다.

이곳만은 둘러보자!
볼거리

화음동 정사지

삼일리 사람들은 조선시대 선비들이 머물렀던 이 지역의 흔적을 기품 있는 지역으로 귀하게 여긴다. 이곳은 강원도 기념물 제63호로 삼일리에 왔다면 꼭 들러야 할 명소이다. 화악산의 울창한 숲과 계곡에 흐르는 물이 어우러져 절경을 이루는 곳으로 조선 후기 학자 김수증이 정착하여 은둔 생활을 했던 곳이다. 김수증은 용담계곡의 절경 9곳을 찾아내 자신의 아호를 붙여 '곡운구곡'이라 이름을 붙이고 김세걸로 하여금 그림을 그리게 하여 아름다운 풍경을 후세에게 남겼다. 시간적 여유를 가지고 구곡을 하나씩 둘러보는 풍류 여행도 이곳에서만 가능한 특별함이다.

주소 강원도 화천군 사내면 삼일리 정사터 문의 033-440-2225

반수암지 법장사

화음동 정사지 맞은편에 있는 반수암지 법장사는 김수증이 승려 홍눌에게 권해 지은 절로 이곳의 감로수는 물맛 좋기로 유명하다. 법장사에서 삼일계곡 물길을 따라 화악산으로 오르다 보면 유명한 촛대바위를 만난다.

주소 강원도 화천군 사내면 삼일리 189 문의 033-441-6260

맛 따라 여행 따라
맛집&숙박

 맛집

강원 양어장횟집

계곡의 시원하고 청정한 물은 고소하고 쫄깃한 송어회 맛을 선물로 준다. 강원 양어장은 삼일계곡 물에서 송어를 키워 사용하고 있다.

주소 강원도 화천군 사내면 삼일리 607
문의 033-441-1034

동우네식당

화천에서 아침 식사는 숙소에서 간단히 해결해야 한다. 이른 아침 문을 여는 식당이 드물기 때문이다. 그러나 사내면 목도소리 장인 신금철 씨가 운영하는 동우네식당은 항상 이른 아침부터 아침 식사가 가능한 곳이다.

주소 강원도 화천군 사내면 사창리 419-2 **문의** 033-441-4827
시간 06:00~22:00

 숙박

향기나라사랑이펜션&러브팜캠프

화악산 자락에 넓게 펼쳐진 허브 꽃 농장 안에 있다. 그 앞으로는 곡운구곡이 휘감아 흐르고 있어 아이들과 물놀이를 즐기며 캠핑을 하려는 사람들에게는 최상의 장소이다.

주소 강원도 화천군 사내면 삼일리 168 **문의** 010-3834-3476 **홈페이지** www.러브팜.com

여울목펜션	**문의** 033-441-0685	여울목민박	**문의** 010-7147-2285
빨간지붕민박	**문의** 010-5274-4475	길가네민박	**문의** 010-9397-4302
박씨민박	**문의** 033-441-2947	화악산펜션	**문의** 033-441-4627
삼일민박	**문의** 033-441-4411	기역니은펜션	**문의** 010-4907-1236
도랑가펜션	**문의** 033-441-8854		

화가 길종갑의 작업실
주소 강원도 화천군 사내면 삼일1리 365-1
문의 010-2057-7184
홈페이지 hyun55809@hanmail.net

반수암지 법장사
주소 강원도 화천군 사내면 삼일리 189
문의 033-441-6260
시간 09:00 ~ 17:00 | 연중무휴

화음동 정사지
주소 강원도 화천군 사내면 삼일리 정사터
문의 033-440-2225

길종갑 화가의 집 가는 길

승용차	🚗 각 지역 ➡ 춘천(5번 국도) 경유 ➡ 지촌 삼거리 56번 국도 ➡ 사창리 ➡ 391번 지방도 ➡ 삼일리 지역간 대중교통
버스	🚐 ①서울 동서울 종합 터미널(사창리-광덕산행) ➡ 사창리 서울 상봉 터미널(사창리-광덕산행) ➡ 사창리 화천 시내버스 터미널에서 21번 버스 승차 ➡ 사창리 ②사창리에서 마을버스 승차 ➡ 삼일리행(1일 4회)

농사 지으며 그림 그리는 화가

어린 시절 길종갑은 주위를 돌아다니며
그림 그리는 걸 좋아하는 소년이었습니다.

춘천에서 화가로 작업을 시작했지만
아버지가 돌아가시면서 장남이었던 길종갑 화가는
다시 화천으로 돌아와 농사를 짓게 됩니다.

그는 농사를 지으면서 틈틈이 그림을 그립니다.
그림 그릴 시간이 늘 부족해 아쉬워합니다.

길종갑 화가가 그리는
신곡운구곡도에는
지금 같이 살고 있는 마을 사람들이
들어간답니다.

저도 화가 길종갑과 함께 그림 속으로 들어왔답니다.

아티스트 목수 이정인
숲속 예술학교의 아티스트

숲속 예술학교의 아티스트 목수

숲속 예술학교에 사는 이정인 작가는 자신을 아티스트 목수라고 소개한다. 그에 대해 소개를 시작하려면 반드시 짝을 이루어야 제구실을 하는 젓가락처럼 그의 아내 이재은 작가를 빼놓을 수 없다.

남편 이정인 씨가 치료법도 모르는 병에 걸렸었다. 부부는 병을 치료하기 위해 강원도 홍천으로 귀촌하여 꾸준히 자연 치유를 한 덕분에 7년 만에 건강을 되찾았다. 건강은 회복되었지만 산골을 떠나지 않고 강원도 화천 중에서도 민통선에 맞닿아 있는 신읍리 율대 분교로 옮겨 자리를 잡았다. 그들은 율대 분교 뒤편에 있는 300년 된 물푸레나무를 보고 여기다 싶어 이사를 결정했다. 물푸레나무가 항상 자연에 감사하는 마음으로 작업하는 이정인 부부를 이곳으로 부른 셈이다.

홍천에 살 때 남편 이정인 씨는 우연한 기회에 접하게 된 목가구에 푹 빠져 이제는 나무와 함께하는 목가구 작가가 되었고, 아내 이재은 씨는 산골마을의 꽃과 풀 곤충을 그리는 생태 세밀화가로 거듭났다.

숲속 예술학교에 오면 두 부부의 작품을 어디서나 쉽게 만날 수 있다. 버스에서 내리면 마을 사람들이 모두 나와

반기는 정류장이 있기 때문이다. 진짜 사람은 아니지만 그림 속에서나마 이곳을 찾는 여행자들을 반갑게 맞이한다.

　부부는 그림 그리는 재주를 발휘해 집집마다 문패를 만들어 주었다. 특산품이 그려진 개성 있는 문패는 무료로 A/S도 해준다. 이들이 사는 집은 폐교 뒤편에 있는 8평 컨테이너 박스이다. 인형의 집 같은 귀여운 곳에서 두 아들 중규, 완규와 살고 있다. 집 모퉁이에 서 있는 화려한 마네킹이 마치 집을 지키고 있는 듯한데 왜 하필 버려진 마네킹을 이용하느냐고 물으니, 한때는 필요해서 기성품으로 만들어 쓰다가 소용이 없어지면 바로 버려지는 것을 보니 빠르고 바쁜 현대인의 습성이 안타까워 마네킹을 다시 살려 주고 싶었다고 한다.

　율대 분교 운동장으로 가면 '소년 꽃 피우다'라는 제목으로 다시 태어난 이승복 동상을 볼 수 있다. 몇 해 전 KBS 인간극장 '행복이 자라는 숲속 학교'가 방송될 때 동상 아래에서 어린 시절 추억을 회상하며 이야기꽃을 피우라는 의미로 그린 작업이라고 한다. 숲속 산골에 살면 적적해서 어찌 사나 물어보니 철따라 옷을 갈아입는 나무 덕분에 지루할 틈이 없다고 답한다.

　찾아갔을 때는 마침 강원 발전위원회, 화천군, 안전행정부가 숲속 예술학교를

지원해 리모델링 중이었다. 300년 된 물푸레나무가 이정인 작가 가족을 불렀듯이 이제는 이정인 작가 가족이 도시 사람들을 자연으로 불러 숲의 가치를 일깨워 주었으면 하는 바람을 가져 본다.

이정인·이재은 부부에게 숲의 의미

숲에는 나무가 많다. 숲은 수많은 나무로 이루어진 거대한 공간이다. 그래서 나무를 다루는 이정인 씨에게 숲은 작가 이정인 자체를 의미하기도 한다. 또한 숲속은 풀, 곤충, 식물 등등의 생생한 기록들을 그림으로 그리고 있는 아내 이재은의 작업 소재로 가득하다. 그래서 숲은 결국 목수 이정인과 생태 그림 작가 이재은의 또 다른 이름이라고 할 수 있다. 이 부부는 폐교였던 율대분교에 '숲속 예술학교'라 새 이름을 짓고 자연과 함께 작품에 전념할 터전을 마련했다.

정적만이 흐르던 신읍리 마을은 이정인·이재은 부부가 정착한 후 새로운 문화 예술 공간으로 거듭나고 있다.

숲속 예술학교 갤러리에는 이재은, 이정인 작가의 다양한 미술 작품들이 상설 전시되어 언제든지 관람할 수 있다. 넓은 마당은 목공 체험과 미술 체험을 함께하는 아트 체험 프로그램을 운영하려고 준비중이다. 숙박을 원하는 사람들을 위한 공간도 마련했다. 신읍리는 숲속 예술학교가 구심점이 되어 예술마을로 다시 태어나고 있다.

폐교된 율대 분교 자리에 세운 숲속 예술학교

이곳만은 둘러보자!
볼거리

 화천 민속박물관

신읍리에서 3.7Km 떨어진 하남면 위라리에 위치한 화천 민속박물관은 화천군의 역사와 문화 유적을 한눈에 돌아볼 수 있는 박물관으로 화천의 의식주 생활, 농경 생활, 도자기, 민속 생활용품, 화천을 빛낸 인물 등 화천의 문화에 대한 전반적인 자료들을 둘러볼 수 있다.

박물관 앞마당에는 그네, 거대한 맷돌, 지게 등이 놓여 있어 아이들의 호기심을 자극한다. 전통 악기 연주, 화살 던지기 등 다양한 체험 프로그램도 준비되어 있는데, 그중에서 옛날 의상 입어 보기가 가장 인기가 높다. 관람료는 무료이며 휴관일은 매주 월요일, 설과 추석 당일, 1월 1일, 법정 공휴일 다음날이다.

주소 강원도 화천군 하남면 위라리 490
문의 033-440-2846
시간 09:00 ~ 17:00 | 휴일 : 명절, 매주 월요일

맛 따라 여행 따라
맛집&숙박

커피보리

맛있는 커피를 마시고 싶다면 커피보리를 추천한다. 직접 로스팅하는 더치 커피 맛이 일품이고 커피와 함께 먹을 우리 밀 건강빵, 브라우니, 다크 초콜릿 등도 있다. 가격은 아메리카노 3,000원부터 핸드드립 커피 값이 5,000원 정도. 여름철에만 판매하는 팥빙수는 직접 삶은 팥, 두텁 떡, 연유, 콩가루, 우유, 유기농 설탕 등 재료를 아끼지 않고 듬뿍 넣어 만들어 커피만큼 인기가 있다. 화천예술회관 앞 골목으로 들어가면 찾기 쉽다.

주소 강원도 화천군 화천읍 상리 49-9
문의 070-4209-8459
시간 영업시간 : 11:00~21:00 | 휴일: 매주 일요일, 월요일

형수님밥상

가정식 백반 및 다양한 식사류를 갖춘 음식점. 천장이 낮고 방과 방 사이가 옛날 집처럼 허물 없이 가까워 정겨운 분위기가 느껴진다. 편안한 집밥을 먹고 싶은 단골들이 많으며 아침 식사도 가능하다.

주소 강원도 화천군 화천읍 아리 47-3
문의 033-442-3533 **시간** 06:30 ~ 20:00

동그라미펜션 **문의** 010-4956-2444   산골민박 **문의** 010-6356-1165

Info.

숲속 예술학교
주소 강원도 화천군 화천읍 신읍리 212-1
문의 010-2724-1315

숲속 예술학교 가는 길

승용차	각 지역 출발 ➡ 춘천(5번 국도, 407번 지방도) 경유 ➡ 화천 461번 지방도 ➡ 신읍리 방향 ➡ 용신교 ➡ 쌍용사 방향으로 우회전 ➡ 동지화마을 숲속 예술학교(옛 율대 분교)
ITX-청춘열차 및 전철	용산, 청량리, 옥수에서 출발하는 ITX-청춘열차 및 전철 승차 ➡ 남춘천역 하차 ➡ 춘천 시외버스 터미널로 이동하여 화천행 버스 승차 ➡ 화천 하차 ➡ 화천 시내버스 터미널로 이동하여 8번, 10번, 11번 버스 승차(1일 4회) ➡ 신읍리 하차
버스	동서울 시외버스 터미널(구의동), 강남 고속 터미널, 상봉 터미널 또는 춘천 시외버스 터미널 승차 ➡ 화천 시외버스 터미널 하차 ➡ 화천 시내버스 터미널로 이동하여 8번, 10번, 11번 버스 승차(1일 4회) ➡ 신읍리 하차 ※ 동행 인원이 4명이라면 하루 4회 운영하는 버스보다는 택시(약 8분) 이용을 권한다.

나무와 버려진 마네킹으로 만든 작품

숲 속에 사는 아티스트가 있습니다.

이정인 작가와 이재은 작가가 그들이에요.

이정인 작가는 자신을
아티스트 목수라고 소개합니다.

아내 이재은 작가는 산골 마을의
꽃과 풀, 곤충을 그리는 생태 세밀화가입니다.
최근에 그녀는 버려진 마네킹을 이용해
아름다운 예술품을 만들기도 합니다.

왜 하필 마네킹이냐 물으니
빠르게 바뀌는 흐름 속에서 버려진 마네킹이
마치 현대인을 닮은 것 같아
안타까워서라고 하네요.

부부 아티스트의 손길 속에서 만들어질
미래의 숲속은 어떤 모습일지 기대됩니다.

극단 뛰다의 터전
시골마을 예술텃밭

시골 마을에 연극으로 예술텃밭을 일구는 사람들

화천의 신읍리 동지화 삼거리에서 율대로를 따라 십여 킬로 올라가면 민통선이 나온다. 더 이상 갈 수 없는 길이 막힌 작은 마을의 폐교된 지 10년 된 신명 분교에 공연 창작 집단 '뛰다'가 터를 잡았다. 2000년에 창단한 '뛰다'는 2005년부터 전국으로 무료 순회 공연을 다니던 중 이름도 잘 몰랐던 화천에 공연을 왔다가 신읍리 마을 풍경에 반해 버려서 정착하기로 했다.

공연 창작 집단 '뛰다'의 안내판

이곳에 살기 시작하면서 마을 주민들과 화합하기 위해서 고민하던 중, 처음으로 한 일은 어르신들의 영정 사진 찍어 드리기였다. 반응이 좋아 다음 해에는 '언제나 청춘'이라는 공연을 하면서 웨딩 사진을 찍어 드리고 정월 대보름, 어버이날 등 주민들과 하나 되기 위해 꾸준히 노력했다. 그 결과 이제는 마을 주민이 공연 창작 집단 '뛰다'의 든든한 후원자가 되어 축제를 하거나 외국인 팀들이 작업을 할 때는 적극적으로 도와주신다고 한다.

영국의 극작가 셰익스피어의 희극 '한여름 밤의 꿈'을 연상시키는 '숲속 한밤' 공연, 서로 다른 장르의 예술가들 100여 명이 해마다 펼치는 텃밭 예술 축제, 오픈 워크숍 '몸 풍경, 말 스케치' 등 그 활동 범위나 내용도 다양하고 활동적이다.

2010년 첫해는 낡은 폐교를 쓸고 닦는 것만으로도 힘겨운 시간이었다. 이제 3년이라는 시간이 지나 점차 '시골 마을 예술텃밭' 공연 활동이 알려지면서 예술인 마을로 선정되어 화천군의 지원을 받게 되었다. 이제는 '시골 마을 예술텃밭', '공연 창작 집단 뛰다', '연극놀이터 이랑'으로 파트를 나누어 더 많은 프로그램을 펼칠 준비를 하고 있다.

아이와 엄마가 함께하는 연극 놀이, 여름 가족 연극 캠프도 이곳 예술텃밭에서 열릴 예정이다. 2박 3일 동안 부모와 아이가 함께 지내면서 연극 놀이도 하고, 뒷산의 자연 공간을 배경으로 하는 자연 속에서의 예술 체험도 하게 된다. 연극이라는 도구를 통해 부모와 아이들이 소통의 다양한 방법들을 배우게 되는 것이다. '시골마을 예술텃밭'은 다양한 공연 프로젝트를 통해 사람들의 꿈을 이뤄 주는 소중한 밭이 되고 있다.

공연 창작 집단 〈뛰다〉

2000년 여덟 명의 젊은이들이 모여 '열린 연극, 자연친화적인 연극, 움직이는 연극'이라는 세 가지 연극 이념을 가지고 창단했다. 해마다 이곳 시골마을 예술텃밭에서 열리는 〈텃밭 예술 축제〉는 예술가들이 머물며 집중적인 창작 활동과 교류를 진행하며 결과물을 지역민들과 공유하는 다원 예술 축제이다. 2011년부터 시작되었으며 축제 기간 10일 동안 국・내외 다양한 분야의 예술가 100여 명과

1,000여 명의 관객들이 찾아와 축제를 즐기고 있다. 올해도 어김없이 자연과 예술의 결합을 주제로 예술가들이 강원도 화천의 자연 환경에서 영감을 얻어 창작 작업을 진행하며 관객과 만나게 된다. 텃밭 예술 축제는 해마다 7월 초 10일간 진행된다.

뛰다의 대표 레퍼토리 〈하륵 이야기〉는 2002년 초연되어 '서울 아동 청소년 공연 예술 축제'에서 최우수 작품상/극본상/미술상/연기상을 휩쓸었던 작품으로 이후 국내 25개 지역 30개 극장과 해외 7개국 11개 극장에서 공연 활동을 선보이며 한국의 대표적인 '가족극 레퍼토리'로 자리 잡았다. 지금까지 한국을 포함한 전 세계 약 5만 명이 넘는 관객들과 함께 '하륵'은 성장하고 있다.

공연 창작 집단 '뛰다'는 2010년 신읍리 마을로 이주하면서 예술가들과 지역민들이 함께 만들어가는 예술 마을로 해를 거듭할수록 발전하고 있다. 지난 3년의 기간 동안 예술가들은 화천 마을 주민의 정서를 배우며 지역에 정착해 가고 마을 주민들은 연극하는 매우 낯선 젊은이들을 지켜보며 격려와 함께 많은 도움을 주고 있다. '시골 마을 예술텃밭'은 젊은 예술가들이 정체된 산골 마을에 활력을 불어 넣고 지역민들과 상생하며 발전하는 예술마을을 꿈꾸며 오늘도 멋지게 땀 흘리고 있다.

이곳만은 둘러보자!

볼거리

　　동지화마을

동지화마을은 화천군에서 기획하여 약초 재배 시범 조성 단지로 꾸미고 있는 마을이다. 주요 재배 품목은 와룡담, 용수, 산약초 재배, 물푸레나무 등이다. 동지화마을은 DMZ와 접한 북한강 최상류 지역으로 신읍천 계곡과 백암산 자락이 굽이치는 인심 좋고 자연 생태가 잘 보존된 전원 농촌 마을이다. 동짓날에도 배꽃이 피는 따뜻한 마을이라 동지화마을이라고 불리게 되었다고 한다.

주소 강원도 화천군 화천읍 신읍리　**문의** 033-440-2225

101

맛 따라 여행 따라
맛집&숙박

명가

화천읍에 있는 맛집이다. 주 메뉴가 쏘가리회이지만 산천어 및 바다 회와 자연산 장어를 전문으로 하는 식당으로 어부와 계약해서 물고기를 수매하는 것이 특징이다. 산천어는 주로 1~3월에 많이 잡히는 물고기로 화천에서 양식한 것을 재료로 쓴다.

주소 강원도 화천군 화천읍 하리
문의 033-442-2950 시간 11:00 ~ 21:00 | 연중무휴

화천 탁주 시음장

이름 그대로 화천 지역의 막걸리 시음장으로 주 메뉴는 막걸리와 잘 어울리는 녹두전이다. 40년이라는 오랜 전통을 이어온 이곳에서는 일주일에 한 번씩 막걸리 마시는 모임이 있을 정도로 막걸리 애호가들의 사랑을 듬뿍 받는 곳이다. 구수한 화천 막걸리와 함께 먹으면 좋은 안주로 녹두를 직접 갈아서 부친 녹두전, 녹두 부침, 두부 부침, 김치 부침이 모두 함께 나오는 모둠 빈대떡, 직접 담근 김치와 담백한 두부가 나오는 두부김치 등이 있다.

주소 강원도 화천군 화천읍 중리
문의 033-442-2612 시간 10:00 ~ 23:00 | 연중무휴

신읍리에는 동그라미펜션뿐이며 나머지는 1.8~1.9Km 떨어진 화천읍 중리나 상서면 신대리에 있다.

동그라미펜션 문의 010-4956-2444   산골민박 문의 010-6356-1165
폐민펜션 문의 033-441-3970   토고미펜션 문의 033-441-7254

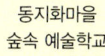

동지화마을
숲속 예술학교

461

극단 뛰다

신읍리

토고미마을

화천읍

물레방아공원

시골마을 예술텃밭

주소 강원도 화천군 화천읍 신읍리 951-10 시골마을 예술텃밭
문의 033-442-3881
홈페이지 http://cafe.naver.com/tuida

극단 뛰다 가는 길

승용차	각 지역 출발 ➡ 춘천(5번 국도, 407 지방도) 경유 ➡ 화천 461번 지방도 ➡ 신읍리 방향 ➡ 용신교 ➡ 쌍용사 방향으로 우회전 ➡ 동지화마을 시골마을 예술텃밭(옛 신명 분교)
ITX-청춘열차 및 전철	용산, 청량리, 옥수에서 출발하는 ITX-청춘열차 및 전철 승차 ➡ 남춘천역 하차 ➡ 춘천 시외버스 터미널로 이동하여 화천행 버스 승차 ➡ 화천 하차 ➡ 화천 시내버스 터미널로 이동하여 8번, 10번, 11번 버스(1일 4회) 승차 ➡ 신읍리 하차 ➡ 도보 10분
버스	동서울 시외버스 터미널(구의동), 강남 고속 터미널, 상봉 터미널 또는 춘천 시외버스 터미널에서 승차 ➡ 화천 시외버스 터미널 하차 ➡ 화천 시내버스 터미널로 이동하여 8번, 10번, 11번 버스(1일 4회) 승차 ➡ 신읍리 하차 ➡ 도보 10분 ※ 동행 인원이 4명이면 하루 4회 운영하는 버스보다는 택시(약 8분) 이용을 권한다.

마을 사람과 화합에 애쓰는 극단

극단 뛰다는 전국으로 순회 공연을 다니던 중에
화천과 사랑에 빠져버렸다네요.

그래서 화천에 정착하게 되었고
마을 주민들에게 자신들의 연극에 대해 알리고자
'언제나 청춘'이라는 공연을 하면서 웨딩 사진을 찍어 드렸어요.

전쟁통에 결혼 사진을 잃어버렸던 마을 어르신들이
정말 좋아하셨습니다.

한여름 밤의 꿈을 연상시키는
숲속 한밤 공연과

마을 사람들과 어울리는 연극을
공연하기도 하지요.

그 밖에도 극단 '뛰다'는
다양한 공연 프로젝트를 실시해
사람들의 꿈을 이루어 주고 있답니다.

월하 이태극 문학관
위대한 시조 시인

한국 시조의 거두, 월하 이태극 문학관

1913년 7월16일 간동면 방천리에 시조 문학의 한 획을 그을 인물 시조 시인 이태극이 태어난다. 화천댐이 건설되면서 이태극 시인이 태어나고 자란 마을은 물속에 잠겨, 어린 시절 자취를 찾아갈 수 없게 되었다. 그러나 그가 작고한 지 7년이 지난 2010년에 고향과 가까운 곳 동촌리에 그를 기리는 문학관이 설립되어 위대한 시조 시인의 탄생과 성장 그리고 활동 등을 한자리에서 살펴볼 수 있게 되었다.

월하문학관

지난 2007년부터 4년에 걸쳐 조성된 월하 문학관은 그가 평생 모아 온 시조 자료들을 화천군에 기증함으로써 화천 지역 내에 이태극 시조 관련 전문 문학관 건립을 시작할 수 있는 밑바탕이 되었다.

문학관은 지하 1층, 지상 2층, 연면적 1389m²의 규모로 다목적실과 생활관, 수장고, 전시실을 갖추고 있다. 1층 다목적실은 월하 문학제, 월하 시조 백일장 등 문학관에서 개최하는 여러 문학 행사와 강좌가 열리는 곳으로 누구나 대관 신청을 하면 자유롭게 이용이 가능한 공간이다. 1층 쉼터는 문학관에 비치된 다양한 문학 잡지와 시집을 열람해 볼 수 있고 방문객들이 쉬어 가면서 차를 마실 수 있는 아늑한 휴식 공간이다.

　방문했을 때 마침 데이트 중인 연인을 볼 수 있었는데 문학 중에서도 특히 시조에 관심이 있는 커플이라면 왠지 모르게 어설프게 헤어지지 않고 사랑하는 마음이 오래갈 것 같다는 느낌을 받았다. 시조가 주는 올곧은 선비의 이미지 때문인 것 같기도 하다.

　그 밖에 1층에 있는 집필실은 문인들이 창작 활동을 할 때 이용할 수 있도록 마련한 공간으로, 이태극 문학관이 지나간 시간의 기록뿐 아니라 미래의 좋은 작품을 위해 활짝 열린 공간으로 활용되고 있다. 이곳은 취사가 가능하고 문학 집필 작업에 필요한 시설을 갖추고 있다.

　2층 전시실에는 관람객의 동선을 따라 인생, 배움의 시간들, 삶의 자락들, 거장의 발자취를 이라는 주제로 이태극 시조 시인의 작품을 전체적으로 살펴볼 수 있다.

시조 한 수 읊으며 풍류(風流)를 배워 보자

시조 시인 이태극의 아호는 월하(月河)이며 서울대학교 국어국문학과를 졸업하고 이화여자대학교에서 문학 박사 학위를 받았다. 춘천여자고등학교, 동덕여자중학교를 거쳐 이화여자대학교에서 교수로 재직하였으며 국어국문학회 대표를 네 차례 역임했다. 1955년 '산딸기'를 발표하면서 정식으로 등단했으며 주요 작품으로 '서해상의 낙조', '삼월은', '갈매기', '인간가도' 등이 있다.

서해상의 낙조 _이태극

어허 저거, 물이 끓는다. 구름이 마구 탄다.
둥둥 원구(圓球)가 검붉은 불덩이다.
수평선 한 지점 위로 머문 듯이 접어든다.
큰 바퀴 피로 물들며 반 남아 잠기었다.
먼 뒷섬들이 다시 환히 열리더니
아차차, 채운(彩雲)만 남고 정녕 없어졌구나.
구름빛도 가라앉고 섬들도 그림진다.
끓던 물도 검푸르게 잔잔히 숨더니만
어디서 살진 반달이 함(艦)을 따라 웃는고

아들이 쓴 아버지 이태극에 대한 회상의 글

시조 시인 이태극은 평생 시조 사랑으로 살다 가셨다. 원래 시조는 가락이 있는 노래였다. 그러나 가락은 없어지고 이제 문자로 된 시조 즉 가사만 교과서에서 배우고 있어 옛 선조들이 그토록 사랑했던 시조에 대해 우리는 감흥이 적은지도 모르겠다. 우리나라 옛 선비의 풍류였던 시조의 명맥이 점점 약해지고 있음은 통탄할 일이 아닐 수 없다.

이곳만은 둘러보자!
볼거리

🚩 **딴산**

평화의 댐 쪽으로 가다 보면 진입로 쪽에 딴산이 보인다. 말 그대로 따로 떨어진 듯 보이는 산으로 그 모습이 매우 인상적이다. 옛날에 울산에 있던 바위가 금강산으로 가고 있었는데 '금강산 일만 이천 봉이 다 채워졌다'는 소식을 듣고 그 자리에서 걸음을 멈췄는데 그것이 바로 딴산이라고 하는 재미있는 이야기가 전해진다. 딴산은 북한강과 계곡이 만나는 지점에 있어 경치가 무척 좋아 여름철 휴양지로 인기가 높고 아침에 피어오르는 물안개가 아름답기로도 유명하다. 낚시를 즐기는 사람도 많이 볼 수 있다. 최근 딴산은 캠핑장으로도 이름이 널리 알려져 있다. 화장실, 수도 등이 갖춰진 캠핑장이 옆에 있어 온 가족이 함께 즐거운 시간을 보낼 수 있다.

주소 강원도 화천군 화천읍 대이리 산 1-1 **문의** 033-440-2547

맛 따라 여행 따라
맛집&숙박

 맛집

파로호 회센터

이태극 문학관이 있는 화천읍 동촌리에서는 '파로호 회센터'에서 식사를 하면 좋다. 화천을 여행할 때 꼭 들르는 파로호 선착장 근처에 민물회 전문 횟집들이 모여 있다. 민물회는 바다 회와는 또 다른 맛으로 미식가의 깐깐한 입맛을 만족시켜 준다. 가장 인기 있는 메뉴는 쏘가리회이다. 회를 먹고 난 후 맛보는 얼큰한 매운탕도 일품이다. 대부분 맛있지만 가게마다 특징을 확인한 후 선택하는 것이 좋다.

호수횟집 주메뉴: 향어찜
문의 033-442-3232

어부횟집 주메뉴: 송어
문의 033-442-3131

파로호횟집 주메뉴: 향어회
문의 033-442-3123

강변횟집 주메뉴: 향어회
문의 033-442-5007

서울횟집 주메뉴: 향어회
문의 033-442-5016

산장횟집 주메뉴: 쏘가리회
문의 033-442-5611

월미횟집 주메뉴: 달팽이해장국
문의 033-442-3115

배터횟집 주메뉴: 무래무지찜
문의 033-442-2236

 숙박

알프스펜션
문의 011-793-3087

용희네집
문의 033-442-1041

산촌민박
문의 033-442-0877

딴산노을
문의 011-320-6281

딴산민박
문의 033-442-3656

딴산푸른민박
문의 010-4381-0222

어룡동민박
문의 033-442-4409

강릉민박
문의 033-442-5650

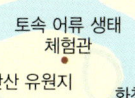

토속 어류 생태
체험관

딴산 유원지   화천댐

월하문학관

다람쥐섬

화천 수력발전소
파로호 선착장

월하문학관 안내

주소 강원도 화천군 화천읍 동촌리 34
문의 033-442-3635
시간 09:00~18:00 | 휴일 : 매주 월, 1월 1일, 설날, 추석
※ 30분 전까지 입장해야 관람 가능
홈페이지 www.itaegeuk.com
※ 20인 이상 단체 관람을 원할 경우에는 반드시 사전에 연락하고 가야 한다.

월하문학관 가는 길

승용차	각 지역 출발 ➡ 춘천(5번 국도, 407번 지방도) 경유 ➡ 화천 ➡ 대이리 방향 ➡ 460번 지방도-딴산 ➡ 동촌리 방향 우회전 ➡ 호음교에서 3km 지나면 월하문학관
ITX-청춘열차 및 전철	용산, 청량리, 옥수에서 출발하는 ITX-청춘열차 및 전철 승차 ➡ 남춘천역 하차 ➡ 춘천 시외버스 터미널로 이동하여 화천행 버스 승차 ➡ 화천 하차 ➡ 화천 시내버스 터미널로 이동하여 1번 버스(1일 3회) 승차 ➡ 대이리-딴산-동촌리-새말 하차
버스	동서울 시외버스 터미널(구의동), 강남 고속 터미널, 상봉 터미널 또는 춘천 시외버스 터미널 승차 ➡ 화천 시외버스터 미널 도착 ➡ 화천 시내버스 터미널로 이동하여 1번 버스(1일 3회) 승차 ➡ 대이리-딴산-동촌리-새말 하차

시조 한 수

화천에는 다양한 예술인이 살고 있지만
대한민국 시조 문학에 한 획을 긋는 이태극 시조 시인을
빼놓을 수 없어요.

화천댐 건설로 이태극 시인이 나고 자란 방천리는
물 속에 잠겨 갈 수 없지만 고향에서 가까운 동촌리에
이태극 시인의 시조 자료들을 모아 놓은 월하문학관이 생겼답니다.

이태극 시인의 작품 중에 해방이 된 다음에 쓴
순수 국문 시조에는 '이 땅의 주인이 되자'가 있답니다.

저 하늘도 나를 부르고 저 들판도 소곤한다
모든 것이 너희 것이라 저 물도 속삭인다
그렇다 모두들 달려와 이 땅의 주인 되자

시조 한 수 읊으며
여유를 갖고 쉬어 가기
좋은 장소랍니다.

PART 3

기웃기웃
화천 공부

화음동 정사지 | 화천 민속박물관 | 화천 향교 | 화천 한옥학교 |
토속 어류 생태 체험관 | 한국 수달연구센터

화음동 정사지
조선시대의 선비 정신을 엿볼 수 있는 곳

여행은 세상이라는 책을 들여다보는 공부

화천 여행을 하면서 지금 그대로의 풍경도 아름답지만 340년 전의 모습이 몹시 궁금해지는 곳이 있었다. 시간 여행으로 사람들을 이끄는 곳은 화천군 사내면 삼일리 화악산 북쪽 기슭에 위치한 강원도 기념물 제63호 화음동 정사지이다.

국내외를 막론하고 찾아보기 힘든 기품 있는 절경으로 반할 수밖에 없는 화음동 정사지는 조선시대 학자 김수증(1624~1701)이 관직과 명예를 뒤로 하고 정착했던 곳이다.

김수증이 남긴 곡운구곡도(谷雲九曲圖)를 보면서 17세기 후반 학자에게 이곳의 첫 인상이 어떠했는지, 어떤 글로 표현했을지 몹시 궁금해진다. 그는 1668년에 강원도 평강 현감으로 부임하여 춘천을 거쳐 화천을 지나가게 된다. 그때 존경하는 매월당 김시습이 머물렀다고 하는 화악산의 아름다운 계곡을 보고 싶은 마음에 지금의 곡운구곡 3곡인 신녀협에 오게 된다. 그는 2년 후 평강 현감을 그만두고 삼일계곡 자락인 지금의 화음동 정사지 땅을 곡운(谷雲)이라 이름 짓고 1670년부터 곡운정사(谷雲精舍)와 농수정(籠水亭)을 지어 살았다.

무릉도원이 여기 어디쯤 아닐까?

김수증은 1682년 당대에 제일 유명한 평양 출신 화가 조세걸을 화천으로 불러 화

바위에 새겨진 태극 무늬

화음동 정사지 풍경

음동 정사지를 포함한 약 8Km의 구불구불한 아홉 구비 계곡을 실제와 똑같이 그리게 하였다. 조세걸은 곡운구곡의 경치를 열 폭 비단 위에 그려 후세에 남겼고 그 그림 안에는 발문(跋文)과 제화시(題畵詩)가 함께 있다.

곡운구곡도의 가장 큰 특징은 무엇보다 당시 유행하던 관념적인 산수화와는 달리 실제 경치를 그대로 그린 진경 산수화란 점이다. 그 시대의 모습 그대로 울창한 송림 사이로 근경ㆍ중경ㆍ원경의 첩첩 산이 있고, 사이사이로 보이는 집들이 세필로 자세히 묘사되었다. 그림을 자세히 살펴보면 실경의 명칭을 적고 또 위치ㆍ거리ㆍ방향ㆍ자연의 특징 등도 상세히 적어 놓았다. 세상의 시비를 꺼리고 산수를 좋아했던 조선시대 성리학자 김수증 덕분에 우리는 〈곡운구곡도〉 그림을 통해 화천에서 시간 여행을 할 수 있게 된 셈이다.

조선시대 선비 김수증과 같이 곡운구곡을 둘러보며 계곡을 따라 여행을 해 보자. 1곡 방화계(봄 바위마다 꽃이 만발하는 계절), 2곡 청옥협(맑고 깊은 물이 옥색과 같은 협곡), 3곡 신녀협(신녀의 협곡), 4곡 백운담(흰 구름 같은 못), 5곡 명옥뢰(옥이 부서지는 듯한 소리의 여울), 6곡 와룡담(와룡의 못), 7곡 명월계(밝은 달의 계곡), 8곡 융의연(의지를 기리는 깊은 물), 9곡 첩석대(층층이 쌓인 바위)까지 아홉 계곡을 다니다 보면 '신선이 사는 곳이 이런 곳이 아닐까?' 하는 상상하게 된다.

조선시대 성리학자 김수증이 걸었던 길을 따라 여행을 하면서 김수증 이외에도 김시습, 정약용 등 수많은 선비들이 찾아와 세상의 시름을 달래고 힘을 얻어 앞으로 나아갔던 모습이 그려진다. 조선시대의 선비 정신이 살아 있는 화음동 정사지에 오면 그들이 지키고자 수없이 고민했던 '의(義)로움'에 대해 생각해 보게 된다.

국립 중앙박물관에 보관 중인 3곡 신녀협, 4곡 백운담, 9곡 첩석대

이곳만은 둘러보자!
볼거리

 화악산

정상을 38선이 가르고 있는 해발 1,468m의 화악산은 한국전쟁의 격전지로 비극의 역사를 품에 안고 있다. 산기슭에 자리하는 촛대바위는 화악산을 대표하는 명물로 높이가 20m 정도 되는 기다란 바위 끝에 소나무가 자라고 있다. 그밖에 삼일계곡, 화음동정사지, 법장사, 곡운구곡 등 볼거리가 가득하다.

화악산 토마토는 씻지 않고 먹어도 좋을 만큼 청정함을 자랑한다. 또한 화악산 토마토는 쉽게 무르지 않아 구입 후 보관하기도 좋아 농수산물 시장에서 다른 지역 토마토에 비해 비싼 가격으로 거래된다. 해마다 8월 초이면 화악산 일대에서 토마토축제가 열린다. 토마토 수확 기간은 7, 8월에 수확하는 전작과 9, 10월에 수확하는 후작이 있다. 이 기간에 사창리를 방문한다면 탱글탱글한 토마토를 실컷 맛볼 수 있다.

주소 강원도 화천군 사내면 삼일리 196-4 문의 033-440-2422

맛 따라 여행 따라
맛집&숙박

카페 향기

화학산 자락 곡운계곡 근처를 여행하다가 잠시 지나가는 바람을 느끼며 커피한잔을 마시고 싶다면 8곡에 위치한 카페 향기를 추천한다. 커피마니아도 만족할 만한 수준 있는 커피는 물론이고 허브농장에서 직접 수확해 만든 허브차도 좋다.

주소 강원도 화천군 사내면 삼일리 168번지
문의 010-8489-2479

향기나라사랑이펜션&러브팜캠프

곡운구곡 8곡에 위치한 펜션과 캠프장이다. 원래 허브 농장이었던 곳에 지어져 아름다운 꽃을 실컷 즐길 수 있는 숙소이다. 꽃과 함께 마치 한 장의 멋진 그림엽서 속에 들어 가 있는 듯 풍경이 아름답다. 강원도와 경기도와 만나는 접경 지역으로 수도권과의 접근성이 좋아 서울에서 1시간 30분이면 도착할 수 있다.

주소 강원도 화천군 사내면 삼일리 168 문의 010-3834-3476 홈페이지 www.러브팜.com

산속계곡끝펜션	문의 010-2778-8955	삼나무집펜션	문의 010-4735-6637
파프리카펜션	문의 033-441-7959	하늘정원펜션	문의 010-3891-1869
화약산펜션	문의 010-5086-008	즐거운펜션	문의 016-208-1781
감투바위펜션	문의 011-241-8223	파인벨리펜션	문의 033-441-1962

화음동 정사지 안내
주소 강원도 화천군 사내면 삼일리 정사터
문의 033-440-2225

화음동 정사지 가는 길

승용차	각 지역 출발 ➡ 춘천(5번 국도) 경유 ➡ 지촌삼거리 56번 국도 ➡ 사창리 ➡ 391번 지방도 ➡ 삼일리 ➡ 반수암지 법장사 전 300m
ITX-청춘열차 및 전철	용산, 청량리, 옥수에서 출발하는 ITX-청춘열차 및 전철 승차 ➡ 남춘천역 하차 ➡ 춘천 시외버스 터미널로 이동하여 화천행 버스 승차 ➡ 화천 하차 ➡ 화천 시내버스 터미널로 이동하여 21번 버스(1일 9회)승차 ➡ 용담1리를 지나 사창리 하차 ➡ 화천 시내버스 터미널에서 사창리~삼일리행 마을버스(1일 4회) 승차 ➡ 사창리 하차
버스	①동서울 시외버스 터미널(구의동), 강남 고속 터미널, 상봉 터미널에서 사창리~광덕산 행 버스 승차 ➡ 사창리 하차 ②춘천 시외버스 터미널 ➡ 화천 시외버스 터미널 하차 ➡ 화천 시내버스 터미널로 이동하여 21번 버스(1일 9회) 승차 ➡ 용담1리를 지나 사창리 하차 ➡ 화천 시내버스 터미널에서 사창리~ 삼일리행 마을버스(1일 4회) 승차 ➡ 사창리 하차

300여 년 전 역사 탐방

시간 여행으로 사람들을 이끄는 곳은
강원도기념물 제63호 화음동 정사지입니다.

조선시대의 선비였던 김수증은 삼일계곡 자락인
화음동 정사지의 땅을 곡운(谷雲)이라 이름 짓고
1670년부터 곡운정사(谷雲精舍)와 농수정(籠水亭)을 지어 살았답니다.

화가 조세걸에게 곡운구곡을 그리게 하고

그림 안에는 발문(跋文)과 제화시(題畵詩)를 적었습니다.

조선시대 선비 김수증과 같이 곡운구곡을 둘러보며
계곡 물을 따라 다니다 보면 '신선이 사는 곳이 이런 곳이 아닐까?'하는 상상을 하게 됩니다.

화천민속박물관
과거로 떠나는 시간 여행

규모는 작지만 속이 알찬 민속박물관

화천 민속박물관은 화천 고유의 민속 문화 발굴 및 재현을 목적으로 설립되었으며, 특히 산촌과 하천 생활을 바탕으로 사람과 자연이 한데 어우러지는 자연 친화적인 면에 중점을 두고 건립되었다.

전시관 1층에는 화천 용암리에서 발굴된 청동기 시대의 토기, 도구, 장신구와 집터 등 선사 유적과 유물이 전시되어 있다. 1층 교육 체험실에서는 매주 다양한 체험 학습이 어린이, 성인 및 가족 대상으로 실시되고 있다.

전통 의상 입기 체험

화천 민속박물관에서 가장 인기 있는 곳은 전통 의상 체험 코너로 옛날 왕과 왕비, 장군, 서민이 입던 의상 중에서 원하는 옷을 골라 입고 사진을 촬영할 수 있다.

2층에는 민족 생활 전시물과 함께 산촌과 하천 마을의 일상을 재미있는 영상과 이야기로 풀어내고 있고 아이들과 어른 모두 우리 민족의 옛 생활 모습을 쉽고 재미있게 이해할 수 있다. 그 밖에 어린이들과 관람객이 편히 쉬다 갈 수 있는 공간 '어린이 한실 도서관'이 있으며 박물관 앞마당에는 너와지붕 정자, 연자방아, 전통 그네 등 우리의 옛 정취를 느낄 수 있는 다양한 시설물이 있다.

화천 민속박물관이 준비하고 있는 교육 프로그램으로는 성인을 대상으로 하는 문인화 교실, 장 담그기 체험, 테라코타 교실 등이 있으며 군 장병들이 군복무 기간 동안 지역의 박물관을 찾아 문화 소양을 증진시킬 수 있게 하기 위하여 박물관 전시 관람 및 문화 체험 병영 아카데미를 운영하고 있다. 주말에는 떡메 치기, 한지등 만들기, 풍속화 그리기, 민화 그리기 등 가족을 대상으로 하는 체험 프로그램을 활발하게 운영 중이다. ※체험 프로그램 매주 토, 일요일 09:00~16:00

옛날 사람들이 살았던 시간으로 떠나 보자

용암리 유적은 화천군 하남면 용암리 1115번지 지역에서 2001년부터 2003년까지 발굴했다. 청동기 시대 집터 176기, 수혈유구 32기, 굴립주 건물 14동, 토광묘 11기 등 유구의 수가 230여기가 넘어 국내 최고의 밀집도를 보여주는 청동기 시대의 집단 취락 유적지이다. 이 유적의 시기는 기원전 9세기 전후로 추정되며 출토 유물로는 박편의 일부를 갈아 인부를 만든 석기(박편석기)가 대량으로 출토되었고 다양한 형태의 석부와 석촉을 비롯하여 청동기 시대의 유적에서 나타나는 석기들이 출토되었다. 용암리 유적의 석기 제작 과정 및 변환 과정을 밝힐 수 있는

중요한 자료로 평가되고 있다. 특히 청동기 시대 북한강 유역의 생활 문화 양상과 주거 발달사 연구, 청동기 문화의 전파 경로를 밝힐 수 있는 매우 중요한 유적으로 평가되며, 동아시아에서도 유례가 드문 마을 유적이라는 점에서 보존 가치가 크다.

민속생활 전시실에서는 화천의 주거와 의(衣)생활을 자세히 살펴볼 수 있다. 화천 지방은 예로부터 삼(대마)이 유명했다. 화천 지방에서는 삼(대마) 껍질로는 옷을 만들고 줄기는 엮어서 짚 대신 이엉으로 사용했는데 이를 저릅집이라고 한다. 저릅집은 초가집에 비해서 지붕 교체 기간이 길고 물이 잘 빠지며, 속이 텅 빈 대마 줄기가 단열재 기능을 하기 때문에 겨울에는 따뜻하고 여름에는 시원해 조상의 지혜가 돋보이는 건축 재료이다. 화천의 농경 생활 중에는 농목 짱치기가 있는데, 강원 산간의 대표적인 민속놀이이다. 젊은 농군들이 짱이라는 나무 공이나 짚 공을 지게 작대기로 쳐서 자기 편 골문에 넣는 놀이이다. 마을 대 마을 대항으로 진행되었으며 화천군 상서면 신풍리 남쪽에 있는 거북둔지마을과 옹기점마을에서 주로 하는 놀이였다.

삼의 줄기를 엮어서 만든 저릅집

이곳만은 둘러보자!
볼거리

화천 생태영상센터

영상 정보 시대에 발맞춰 영상 문화와 영상 산업의 저변 확대를 위해 설립된 종합 영상 문화 공간이다. 지역 주민의 영상물 창작과 제작 능력을 높이기 위하여 제작과 상영 등을 위한 설비와 장비를 제공하고 있다. 센터 내부에 '물'을 주제로 한 전시관과 하늘과 맞닿은 높은 봉우리를 상징하는 '지구라트' 구조로 지어진 건물도 볼 만하다. 그 밖에 세계에서 가장 오래된 천문도 가운데 하나인 조선시대의 '천상열차분야지도'를 본떠 만든 별자리 바닥분수 광장이 있고, 하늘을 가로지르는 별들의 강, 은하수와 같이 공원을 가로지르며 흐르는 계류는 어린이들에게 즐거운 물놀이장이 된다.

주소 강원도 화천군 하남면 용화산로 1037 문의 033-441-2050 시간 9:00~18:00 월요일 휴관
홈페이지 http://화천생태영상센터.kr

화천 5일장

매달 끝자리가 3과 8로 끝나는 날이면 5일장이 열린다. 신토불이 농산물은 기본이고 강원도에서만 먹을 수 있는 메밀전병과 올챙이국수를 맛볼 수 있다. 철마다 다른 산나물이 줄을 서고 할머니들의 숨겨 놓은 토속 음식 솜씨도 특별한 즐거움이다. 뻥이요~ 외치자마자 곧 "뻥!" 터지는 강냉이 연기가 구수하다. 가는 날이 장날이라면 정겨운 시골 장터를 구경하는 재미를 놓칠 수 없다.

주소 강원도 화천군 화천읍 하리 44-41 문의 033-442-4545

맛 따라 여행 따라
맛집&숙박

백암산감자탕

화천시장에 있는 음식점이다. 살이 많이 붙은 고기가 들어간 감자탕과 뼈다귀해장국이 대표 메뉴다. 감자는 크고 좋은 것으로 구입하여 왕감자탕이라고 불린다. 그밖의 메뉴로 순대국밥이 있으며 김치, 깍두기뿐인 반찬은 단출하지만 감자탕의 맛이 좋아 연일 찾는 손님이 많으며 포장이나 택배도 가능해서 어디서든 쉽게 먹을 수 있다.

주소 강원도 화천군 화천읍 하리
문의 033-442-2238
시간 07:00~ 20:00 | 연중 무휴

열차펜션

화천 민속박물관 바로 뒤편에는 철길을 달리던 새마을호 열차를 개조하여 조성한 열차펜션이 있다. 코레일관광개발(주)에서 직접 운영하고 있는 화천열차펜션은 북한강이 보여주는 사계절 낭만을 고스란히 마음에 담아 올 수 있는 특별한 숙소이다.

주소 강원도 화천군 하남면 위라리 490-2
문의 033-441-8877
홈페이지 http://www.hctrainpension.com

화천 민속박물관

주소 강원도 화천군 하남면 위라리 490
문의 033-440-2846
시간 09:00~17:00 | 매주 월요일, 1월 1일, 설날 및 추석 당일 휴관 | 입장료: 무료
홈페이지 www.hcfm.or.kr

화천민속박물관 가는 길

승용차	각 지역 출발 ➡ 춘천(5번국도, 407 지방도) 경유 ➡ 위라리 ➡ 화천 민속박물관
ITX-청춘열차 및 전철	용산, 청량리, 옥수에서 출발하는 ITX-청춘열차 및 전철 승차 ➡ 남춘천역 하차 ➡ 춘천 시외버스 터미널로 이동하여 화천행 버스 승차 ➡ 화천 하차 ➡ 화천 시내버스 터미널로 이동하여 12번 버스(1일 4회) 승차 ➡ 위라리 민속박물관 하차
버스	동서울 시외버스 터미널(구의동), 강남 고속 터미널, 상봉 터미널 또는 춘천 시외버스 터미널 승차 ➡ 화천 시외버스 터미널 하차 ➡ 화천 시내버스 터미널로 이동하여 12번 버스(1일 4회) 승차 ➡ 위라리 민속박물관 하차

다양한 민속 체험

화천 민속박물관은 화천 고유의 민속 문화를
쉽고 재미있게 즐기며 배울 수 있는 박물관입니다.

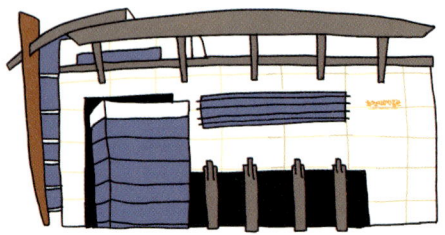

특히 산촌과 하천 생활을 바탕으로 사람과 자연이 한데
어우러지는 자연 친화적인 면에 중점을 두고 건립되었다고 하네요.

화천 민속박물관에서 가장 인기가 많은 것은
전통 의상 체험 코너예요!
옛날 왕과 왕비, 장군 등이 입던 의상 중에서
골라 입을 수 있어요.

직접 농기구를 이용해 곡식을 빻는
연자방아 돌리기 체험도 할 수 있지요.

떡메 치기도 해보세요.

화천향교
꽃길 따라 역사 여행

화천 향교로 가는 벚꽃나무 터널 길

화천 버스 터미널에서 화천교육청 뒷길로 경사진 길을 따라 올라가면 나지막한 언덕 위에 올라앉아 있는 화천 향교가 보인다.

이 길은 차분하게 사색을 즐기려는 사람들이 즐겨 오르는 산책 코스로 오르는 길에 잠시 뒤를 돌아보면 화천에서 가장 번화하다는 화천읍이 한눈에 들어온다.

향교란 고려시대부터 조선시대까지 각 고을의 학교 역할은 물론 지역 문화를 책임지던 곳이다. 그래서 여행을 할 때 고을에 가면 제일 먼저 향교를 둘러보고 그 지역의 역사를 살펴보는 역사 탐방도 유익하고 재미있는 여행이 된다.

언덕을 따라 올라가면 먼발치에 화천 향교가 보이는 매우 인상적인 길을 만난다. 5월의 화천 향교는 나무들이 양쪽으로 길게 줄을 서서 손을 들어 반긴다. 자세히 살펴보면 꽃은 모두 지고 없지만 벚꽃나무가 나무 터널을 이루고 있다. 싱그러운 초록 길을 걸어 향교로 발걸음을 옮기다 보면 봄에는 꽃들이 흐드러져 얼마나 호사스러운 꽃길일까 상상해 본다. 또 눈이 소복히 쌓여 내려앉은 겨울 풍경은 얼마나 아름다운 눈길일지 생각만으로도 멋진 길이 다.

선비 정신을 가르쳐 주었던 향교

길 끝에서 만나는 화천 향교는 고요하다 못해 적막해 잠시 머뭇거리게 된다. 입구

화천향교
산책로

에 적혀 있는 안내문을 보면 화천 향교는 조선 초기에 낭천향교(狼川鄕校)로 창건 되었다고 전하지만 자세한 연혁은 알 수 없다고 한다. 1738년(영조14년)에 현감 김 시민이 중건하였고 그후에도 몇 차례 보수를 하였으며 한국전쟁 때 완전히 소실 된 것을 1960년부터 공사를 시작해 1975년에 완성하였다. 완공 후 10년이 지나 1985년 1월 17일 강원도 문화재 자료 제102호로 지정되었다.

이곳에는 공자, 증자, 자사, 안자, 맹자의 5성과 우리나라의 18선현을 모신 대성전이 있으며 강론을 펼치던 명륜당, 내삼문, 외삼문, 제기고 등이 자리 잡고 있다. 화천은 1945년 광복과 함께 38선이 그어지면서 북한의 통치를 받았다. 1953년 수복될 때까지 8년 동안 화천에서 있었던 남북간의 밀고 당기는 전쟁 때문에 화천의 모든 집들이 불타고 폐허가 되었다. 그때 화천 향교 역시 불에 타고, 보관 중인 문서도 모두 소실되었다. 전쟁의 불길이 화천 향교의 모든 것을 가져가 버린 것이다.

현재의 화천 향교는 1975년에 완공되어 30여 년이 채 지나지 않아 아쉽게도 향교 역사의 깊이를 느낄 만한 흔적은 찾아볼 수 없다. 과거 조선시대에는 화천 지역 유생들이 활발하게 드나들며 책 읽는 소리로 분주했을 모습이 선하지만 지금은 적막감만 흐르고 있다. 현재 화천 향교는 교육 기능은 없고 매년 양력 5월 11일과 9월 28일 두 차례에 걸쳐 석전제만을 거행하고 있다. 앞으로 어린아이들에게 한국의 선비 정신을 가르쳐주는 체험 학교로 거듭나 다시금 책 읽는 소리가 멀리 울려 퍼지길 기대한다.

화천읍 지도는 왜 바둑판 모양일까?

화천군의 중심지인 화천읍 지도를 펼쳐 놓고 보면 다른 지역과 매우 다르다. 마치 누군가 자를 들고 줄을 죽죽 그어 놓은 듯 바둑판 모양이다. 화천은 1945년 광복과 함께 38선이 생기면서 북한의 통치를 받았다. 1953년 수복이 될 때까지 8년 동안 치른 전쟁 때문에 화천읍은 모든 집들이 불타고 폐허가 되고 말았다. 전쟁이 끝난 뒤 6사단 공병대에서 화천읍을 재건하기 시작했는데 그때 한 병사가 지도를 펼쳐 아무것도 없는 땅에 자를 들고 줄을 그어 길과 건물 구역을 나누어 설계해 계획 도시 화천읍이 완성되었다. 화천군은 그 당시 화천 지역을 바둑판처럼 설계한 병사를 수소문해 찾으려 했으나 끝내 찾지 못했다.

이곳만은 둘러보자!
볼거리

 세상에서 가장 작은 미니 대장간

화천에는 세상에서 가장 작은 미니 대장간이 있다. 크기는 딱 한 평이지만 임현경 할아버지가 40여 년간 가족을 부양했던 삶의 터전이었다. 이곳은 화천 지역에서 농사를 짓던 사람들이라면 누구나 거쳐 갔던 추억의 장소이기도 하다. 농사 기구를 만들고 수리를 하느라 하루 내내 분주하던 대장간의 풍경은 그 모습 그대로 멈춰 있다. 이 대장간의 모습을 말로만 전해 듣는다면 정말 이런 곳이 있었을까 싶은 아주 작은 크기의 대장간이다. 화천군은 이곳에 있는 대장간이 사라지기 전에 지역 전통을 살릴 수 있는 방안을 고민 중이다. 세상에서 가장 작은 미니 대장간은 화천군 화천읍 하리 '명가' 음식점 뒤편 골목에 있다.

주소 강원도 화천군 화천읍 하리

 화천 자전거 100리 길

자전거 마니아들과 이색적인 체험을 즐기려는 관광객들을 위해 마련된 자전거 전용 길이다. 북한강을 따라 이어져 있으며 길이는 총 100리로 자전거 길을 완주하고 100세까지 장수하라는 의미가 담겨 있다고 한다. 주말이면 장비를 갖추고 찾아온 자전거 마니아들을 비롯해 아이들과 함께 온 가족 여행객들로 붐비는 길이다. 자전거 대여소는 붕어섬 입구에 있다.

맛 따라 여행 따라
맛집&숙박

주문 받는 즉석에서 국수를 만들어 내온다.

맛집

천일막국수

천일막국수는 주문을 받으면 바로 국수를 만들어 내 온다. 잘 삶은 부드러운 돼지고기와 양념한 부추, 새우젓, 열무김치, 동치미와 함께 나오는 편육은 막국수와 함께 먹으면 궁합이 잘 맞는 음식이다. 화천에는 유촌리에 있는 유촌막국수와 화천읍 하리에 있는 천일막국수가 쌍벽을 이루는 막국수 맛집이다. 유촌막국수는 흰색 면에 양념이 없이 담백함으로 승부하고 천일막국수는 국수 위에 오르는 매콤하면서도 달콤한 다진 양념이 자랑이다.

주소 강원도 화천군 화천읍 하리 **문의** 033-442-2127 **시간** 11:00~23:00 | 연중무휴

숙박

물소리펜션

여름이 되면 하루 내내 시원한 물소리와 함께 밤에는 반딧불이를 감상할 수 있는 청정 지역에 있다. 펜션 앞 냇가에는 1급수에서만 자라는 토종 어종들이 많이 있어 직접 잡은 매운탕을 먹을 수 있다. 겨울에는 산천어 축제장 가까이에 위치하고 있어 교통이 편리하다는 장점이 있다. 인근에 신병 교육대와 8연대 수색대가 있어 면회객이 많이 이용하는 숙소이다.

주소 강원도 화천군 화천읍 풍산리 543 **문의** 033-441-6423

까치펜션 **문의** 033-441-5446   파로호펜션 **문의** 010-3814-1488
파랑새펜션 **문의** 010-5364-5900 후덕농원펜션 **문의** 033-442-5533
동그라미펜션 **문의** 033-442-0098 물빛펜션 **문의** 033-442-7788

화천 향교 안내

주소 강원도 화천군 화천읍 하리 108
문의 033-440-2226 | 연중무휴

화천향교 가는 길

승용차	🚗 각 지역 출발 ➡ 춘천(5번국도, 407번 지방도) 경유 ➡ 화천 교육청 뒷길로 300m 올라가면 도착
ITX-청춘열차 및 전철	🚆 용산, 청량리, 옥수에서 출발하는 ITX-청춘열차 및 전철 승차 ➡ 남춘천역 하차 ➡ 춘천 시외버스 터미널로 이동하여 화천행 버스 승차 ➡ 화천 시외버스 터미널 하차 ➡ 도보 20분 ※690m 거리로 택시를 타면 3분, 택시비 2400원
버스	🚌 동서울 시외버스 터미널(구의동), 강남 고속 터미널, 상봉 터미널 또는 춘천 시외버스 터미널 승차 ➡ 화천 시외버스 터미널 하차 ➡ 도보 20분 ※690m 거리로 택시를 타면 3분, 택시비 2400원

1975년에 재건된 향교

선비 정신을 가르쳐 주었던 화천 향교입니다.
선비들의 글 읽는 소리가 들리는 듯합니다.

화천의 전지역이 한국전쟁때
폐허가 되었기 때문에
화천향교 역시 건물은 물론
소장하던 문서들도
소실되었습니다.

1975년에 다시 지어졌고
현재 이곳에는 공자, 증자, 자사, 안자, 맹자의 5성과
우리나라의 18선현을 모신 대성전이 있으며
강론을 펼치던 명륜당, 내삼문, 외삼문, 제기고 등이 자리 잡고 있습니다.

이곳에서는
매년 양력 5월 11일과 9월 28일에 석전제를 거행하고 있습니다.

화천향교가
한국의 선비 정신을 알려주는
체험향교로 거듭나
책 읽는 소리가 들렸으면 합니다.

화천 한옥학교
자연을 담은 집 짓기

후손에게 물려줄 위대한 가치-한옥

한옥은 오랜 시간을 거쳐 한국인의 가치와 한반도의 자연 환경을 잘 담아낸 문화 유산이다. 그래서 한국인의 집 한옥은 자연을 참 많이 닮았다. 우리 선조들은 집을 지을 자리부터 풍수지리에 입각해 자연을 거스르지 않았으며 뚜렷한 사계절에 순응하여 바람과 빛의 길을 이해하는 소통의 집을 지었다. 그래서 한옥의 여름은 에어컨이 없어도 시원하다. 한옥이 사람에게 얼마나 좋은지에 대해서 반론할 사람은 없을 것이다. 그러나 마음뿐이고 대부분의 사람은 한옥보다는 아파트에 더 많이 살고 있다.

집은 사람을 품어 주고 다음 날을 위한 충전의 공간이 되어야 옳다. 그러나 경제성과 편리함만을 추구하는 현대인들에게 집은 단순히 잠을 해결하기 위한 공간이 되고 있다. 혼자 사는 사람이 늘고 도시의 집값이 턱없이 비싸지면서 원룸이나 고시원에서 사는 인구도 늘어나고 있다. 집은 사람의 건강을 회복시켜 주는 것이어야 하고 후손에 길이 물려줄 가치가 있는 귀중한 유산이지만 이상과 현실은 그 간격이 먼 듯 느껴진다.

한옥은 비용이 많이 들 것 같고 단열에도 취약하다고 생각한다. 이런 생각들은 모두 한옥을 잘 몰라서 하는 말이다. 화천에 와서 한옥 체험을 해본다면 한옥, 우리 조상들이 물려준 그 위대한 가치에 대해 자세히 체험할 수 있다.

최근 한옥에 대한 열풍이 불고 있다. 한옥은 사람을 건강하게 해 주기 때문에

전통한옥 짓기를
전수하는 곳이다

집으로서의 제 가치가 빛을 발휘하고 있는 것이다. 화천 한옥학교에서 선조들의 지혜가 담긴 문화유산에 대해 제대로 공부해 보자.

한옥 살리기에 앞장서고 있는 화천 한옥학교

화천 한옥학교는 한옥을 짓는 목공 기술인을 양성하는 곳으로 학교의 운영 주체는 화천군수이다. 처음 한옥학교 운영은 화천군 인구 늘리기 범국민 추진협의회의 일환으로 시작했다. 2003년 12월 전통황토집 전수학교가 화천 한옥학교의 모태이다. 그 뒤 2008년 화천 한옥학교로 개명하고 화천군 간동면 유촌리 383번지로 이전해 지금의 한옥학교로 자리를 잡는다.

현재 화천 한옥학교는 한옥 목공 기능인 양성을 통한 우리 문화 계승을 목적으로 기초 과정과 심화 과정을 두고 있다. 종합적이고 체계적인 한옥 짓기 교육 프로그램으로 구성하고 있으며 전통 한옥 정규 과정에서는 집을 설계하고 지을 수 있는 자질을 배우게 된다. 교육 기간은 6개월이며 교육에 필요한 전통 공구를 학교에서 지원하기 때문에 추가 교육비 없이 수업을 들을 수 있어 전국에서 한옥 짓는 방법을 배우고자 찾아오는 사람이 많다. 수업은 실기 위주이며 간단한 이론 수업도 병행한다. 화천 내 주택 수요가 있는 곳에서 학생들이 직접 건축물을 지으며 실습하고 있어 살아 있는 건축 교육이 이루어지고 있다. 유촌리에 있는 산천제를 지내는 곳, 전통 한옥 펜션 연안재 등 화천 곳곳에 한옥학교에서 지은 우리의 전통 한옥을 볼 수 있다.

화천을 여행 중이라면 누구나 한옥을 체험할 수 있는 1박2일 주말 학습 프로그램을 추천한다. 아이들과 함께 한옥에 대해 배우고 경험해 볼 수 있는 유익한 우리 문화 알아가기 프로그램이다.

화천 한옥학교는 한옥 건축 기술을 보존하며 지역의 일자리를 창출하는 동시에 귀농·귀촌인을 유치하는 좋은 성과를 거두고 있다. 또 지역의 버려진 농가를 리모델링하거나 마을회관, 노인회관 등 공공시설을 전통 확인 스타일로 만들면서 지역 경관 조성에도 많은 기여를 하고 있다.

이곳만은 둘러보자!
볼거리

 용화산

해발 875m의 용화산은 화천 군민의 정신적인 영산으로 알려져 있다. 8.3km의 등산로가 잘 정비돼 있으며 입구에서 정상까지는 40분에서 3시간 30분까지 다양한 등산 코스가 있다. 산 정상에 오르면 화천군과 춘천시가 한눈에 들어온다. 9부 능선에서 맛보는 용화 약수는 그 맛이 일품이다. 용화산은 예로부터 통일신라 화엄종의 성지로 미래불 미륵이 용화수 아래에서 성불했다는 불교 교리에서 이름이 유래되었다. 다른 전설로는 지네와 뱀이 싸우다 이긴 쪽이 하늘로 올라가 용이 되었다는 전설도 전해진다.

주소 강원도 화천군 하남면 용암리
문의 033-440-2422

 베트남 참전용사 만남의 장

베트남 참전용사들에게 만남의 기회를 제공하기 위해 훈련장을 만남의 장으로 조성하였다. 베트남 문화를 엿볼 수 있는 전통 가옥과 베트남전쟁 당시 베트콩들이 만들었던 구찌터널을 구경할 수 있다. 최근 이곳은 실제 전투 장비가 배치되어 있어 실감 나는 서바이벌장으로 각광받고 있다.

주소 화천군 간동면 오음리 87-7
문의 033-440-2508 **시간** 09:00 ~ 18:00 | 휴일: 명절

기웃기웃 화천 공부

맛 따라 여행 따라
맛집&숙박

맛집

단호박 찐빵
간동농협에서 만들어 판매하는 특산품 단호박 찐빵은 색소를 첨가하지 않고 단호박 속살의 노란빛을 그대로 살려 빚은 웰빙 식품이다. 화천을 찾은 여행자들이 즐겨 구입하는 특산품으로 냉동 상태의 찐빵을 구입하여 가정에서 간단하게 쪄 먹을 수 있다.

주소 강원도 화천군 간동면 오음리 580 문의 간동농협 033-441-0214

블루베리
간동면 유촌리에서는 2006년 블루베리 작물 재배에 성공한 후 이 지역에서 직접 수확한 블루베리로 잼과 식초로 만들어 판매하고 있다. 블루베리는 혈액 순환 개선 및 항암 효과가 있어 화천의 특산물 중에서도 가장 인기가 높다.

주소 강원도 화천군 간동면 오음리 580 문의 간동농협 033-441-0214

눈 건강에 좋은 블루베리예요.

숙박

한옥펜션 연안재
연안재(燕安齋)란 제비도 편안히 쉬어 가는 집이라는 뜻으로 화천 한옥학교의 지원을 받아 건립된 펜션이다. 팔작집과 맞배집이 오묘하게 어울린 한옥으로 우리나라에 하나밖에 없는 외기둥 일주문 대문을 볼 수 있다. 여름에는 시원하고 겨울에는 따뜻하여 사계절 아름다운 전경과 함께 한옥의 정취를 느낄 수 있다. 황토를 이용해 집을 지어 몸과 마음이 편안해짐을 느낄 수 있으며 하룻밤 쉬면서 건강해지고 활력이 넘치는 좋은 에너지를 받게 된다.

주소 강원도 화천군 하남면 서오지리 574 문의 010-5317-8731

Info.

화천 한옥학교 안내

- 주소 강원도 화천군 간동면 유촌리 383
- 문의 033-442-3366
- 홈페이지 www.hanokschool.co.kr

화천한옥학교 가는 길

승용차	🚗 각 지역 출발 ➡ 춘천(5번 국도, 407 지방도) 경유 ➡ 화천 461번 지방도 ➡ 구만리-간동면-간동면사무소-유촌삼거리 우회전(이정표 있음) 500m
ITX-청춘열차 및 전철	🚂 용산, 청량리, 옥수에서 출발하는 ITX-청춘열차 및 전철 승차 ➡ 남춘천역 하차 ➡ 춘천 시외버스 터미널로 이동하여 화천행 버스 승차 ➡ 화천 하차 ➡ 화천 시내버스 터미널로 이동하여 오음리-간척 방향으 5번 버스(1일 9회) 승차 ➡ 간동면사무소 지나 유촌리 불사조 아파트 삼거리 하차 ➡ 도보 30분
버스	🚌 ①동서울 시외버스 터미널(구의동), 강남 고속 터미널, 상봉 터미널 또는 춘천 시외버스 터미널 승차 ➡ 화천 시외버스 터미널 하차 ➡ 화천 시내버스 터미널로 이동하여 오음리-간척 방향 5번 버스(1일 9회) 승차 ➡ 간동면사무소 지나 유촌리 불사조 아파트 삼거리 하차 ➡ 도보 30분 ②서울 동서울 종합 터미널에서 화천 오음리행 직행 버스 1일 2회 있음.

한옥 체험 학교

한옥 살리기에 앞장서고 있는
화천 한옥학교를 소개합니다!

한옥은 오랜 시간을 거쳐
한국인의 가치와
한반도의 자연 환경을 담아낸
문화유산입니다.

화천 한옥학교

한옥학교 운영은
화천군의 인구 늘리기
범국민 추진협의회의
일환으로 시작됐어요.

한옥학교는 목공 기능인을 양성하는 게 목표이고
우리 문화를 계승하기 위해 기초 과정과
심화 과정으로 나눠 교육하고 있답니다!

한옥은 사람을 건강하게 하기 때문에
집으로서의 제 가치가 빛을 발휘하고 있답니다.
화천 한옥학교에서 선조들의 지혜가 담긴
문화유산에 대해 공부해 봅시다!

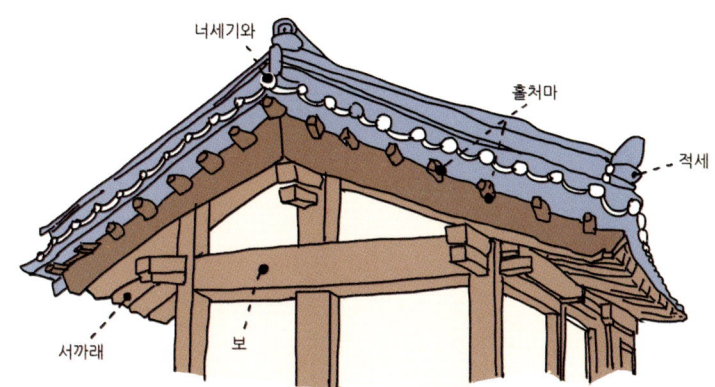

한옥을 체험할 수 있는 1박 2일
주말 학습 프로그램도
준비되어 있답니다!

토속 어류 생태 체험관
물고기 탐구여행

강원 북부에 유일한 토속 어류 전시관

딴산을 지나 다리를 건너가면 구만리 어룡동(魚龍洞)에 토속 어류 생태 체험관이 있다. 댐이 생기기 전의 어룡동은 배와 뗏목이 다닐 만큼 수량이 풍부했던 곳이라고 한다. 물고기가 용이 되어 하늘로 올라갔다는 전설이 있는 어룡동에 우리 고유의 민물고기를 볼 수 있는 토속 어류 생태 체험관이 자리하고 있다. 이곳에서는 화천의 마스코트인 산천어를 자세히 알아볼 수 있다. 산천어는 우리나라의 토종 민물고기로 산소가 풍부한 강 상류의 맑은 물에 살며 송어보다 크기가 작지만 송어의 생활 습성이 바뀌어 강에서만 생활하는 육봉형으로 굳어진 것으로 학계에서 추측하고 있다.

미국 CNN이 2011년 12월 1일, 해마다 겨울이면 열리는 화천 산천어축제를 겨울의 7대 불가사의 중 하나로 소개하면서 화천의 산천어는 월드 스타가 되었다. 산천어의 인기는 여기에 그치지 않고 산천어의 아름답고 매끈한 유선형 몸매는 한국에서 제작한 'KTX-산천' 열차의 모티브가 되어 철길을 힘차게 달리고 있다.

화천의 마스코트인 산천어는 토속 어류 생태 체험관 1층 전시관에서 자세히 알아볼 수 있다. 그밖에 북한강과 파로호에 살고 있는 70여 종의 다양한 민물 어류들을 만날 수 있다. 천연기념물인 어름치, 황쏘가리 등 귀한 물고기들과 사라져 가는 멸종 위기의 안타까운 물고기들도 자세한 설명과 함께 볼 수 있다. 생김새도 다르고 입은 옷의 무늬나 색, 습성도 모두 제각각인 물고기들은 아이들에게 매우 흥

토속어류
생태체험관
가는 길

토속어류체험관

미로운 학습 공간을 제공한다. 2층 체험관에 올라가 보자. 물고기 눈으로 세상을 보는 체험을 할 수 있다. 물고기 옷을 입고 변장해서 다양한 바다 배경으로 사진을 찍는 재미있는 활동과 물고기 퍼즐 맞추기, 물고기 하늘 길 등 물고기 세상으로 쑥 들어가 보는 자연 학습 시간이 된다. 각종 영상 자료와 물고기 맨손 잡기 등 토속 어류 생태 체험관을 한바탕 신나게 돌아보고 나면 물고기들과 한층 친해지는 계기가 된다.

산천어의 고장 화천 지명 이야기

화천 지역을 다니다 보면 낭천산림욕장, 낭천가든 …. 낭천이라는 단어를 곳곳에서 접하게 된다. 그것은 낭천(狼川)은 화천의 옛 지명이다. 낭천이란 뜻은 당시의 화천 지역이 너무도 산이 깊어 들짐승들이 많이 나타나는 북한강 지역이라고 하여 붙여진 이름이다.

옛 지명 낭천(狼川)은 1902년에 지금의 화천(華川)이란 명칭으로 바뀌었는데 군의 진산인 용화산의 높고 아름다움을 본받고자 용화산의 중간 글자 화(華)와 물이 많은 고장의 특징을 살려 하천의 천(川)이 합쳐져 만들어진 이름이다.

'화천'이란 의미를 풀이해 보자면 '빛나는 물이 있는 고장'이라는 뜻으로 풀이할 수 있다. 북한강과 파로호 물속에는 토속 어류 생태 체험관에서 살펴본 70여 종의 다양한 민물 어류들이 살고 있다. 그 물고기들이 물의 고장 화천을 빛내고 있다.

못다한 이야기

토속 어류 생태 체험관에 갈 때 산천 시티투어를 이용하면 편리하다
화천군에서 운영하는 산천 시티투어 버스를 이용하면 딴산과 인접한 토속 어류 생태 체험관을 경유한다. 산천 시티투어 버스를 이용하는 방법은 ITX-청춘을 타고 춘천역에서 하차한 후 1번 출구로 나와 광장 건너편 버스정류소에서 오전 9시 30분에 출발한다. 오후 5시~6시 30분경 춘천역으로 다시 돌아온다. 사전 예약 필수.
문의 033-440-2575

이곳만은 둘러보자!
볼거리

 딴산

화천 읍내를 지나 평화의 댐 쪽으로 가다 보면 딴산이 보인다. 이름에 '산'이 들어가 있기는 하지만, 실제로 보면 산이라기보다는 물가에 자리한 조그만 동산으로 섬처럼 둥실 떠 있는 모습이 매우 인상적이다. 옛날에 울산에 있던 바위가 금강산으로 가고 있었는데 '금강산 일만 이천 봉이 다 채워졌다'는 소식을 듣고 그 자리에서 걸음을 멈췄다고 한다. 그것이 바로 지금 여기에 있는 딴산이라고 한다. 딴산은 북한강과 계곡이 만나는 지점에 있어서 경치가 매우 좋다. 여름이면 산그늘이 드리워지고 강물이 시원해 많은 이들의 발길이 이어지고 있다. 물이 그리 깊지 않아 아이들이 물놀이를 즐기기에도 부담 없다. 가장 깊은 곳은 어른 허리까지 물이 차는데, 물이 매우 맑아 바닥이 훤히 들여다보인다. 또한 아침에 피어오르는 물안개가 아름답기로도 유명하다. 최근 딴산은 캠핑장으로도 이름이 널리 알려지고 있다. 화장실, 수돗가 등이 갖춰진 편리한 캠핑장이 있어 온 가족이 함께 즐거운 시간을 보낼 수 있다.

주소 강원도 화천군 화천읍 대이리 산 1-1 **문의** 033-440-2547

맛 따라 여행 따라
맛집&숙박

 맛집

웰빙 오계가든
옛날에 임금님의 수라상에만 올랐다는 아주 귀한 재료 오골계로 음식을 만든다. 오골계는 조리법이 매우 까다롭다고 한다. 18년 전통을 자랑하는 웰빙 오계가든은 참숯에 담백하게 굽는 것이 비법이다. 두뇌 발달에 좋은 DHA가 풍부해 임신기 태아에 좋은 좋은 음식이며 기가 약한 사람에게 좋고 살이 찌고 땀이 많이 나는 사람을 위한 보양 식품이다. 주 메뉴인 오골계 숯불구이 이외에도 토종닭 백숙이 있다.

주소 강원도 화천군 화천읍 아리 | 문의 033-441-9595 | 시간 11:00~22:00 | 연중무휴 | 홈페이지 www.오골계맛집.com

 숙박

알프스펜션
딴산폭포에서 다리를 건너 토속 어류 생태 체험관으로 가기 전에 위치해 있고, 시설이 깔끔하고 전망이 좋다. 물가에 홀로 섬처럼 둥실 떠 있는 딴산의 모습을 객실 안에서 편안하게 볼 수 있다.

주소 강원도 화천군 간동면 구만리 1315-1
문의 070-4197-3089
홈페이지 http://알프스펜션.com

토속 어류 생태 체험관

- **주소** 강원도 화천군 간동면 구만리 1314-8
- **문의** 033-442-7464
- **홈페이지** http://fish.ihc.go.kr
- **시간** 하절기(3월~10월) 09:00 ~ 17:30
  동절기(11월~2월) 09:00 ~ 17:00
- **휴일** 매주 월요일, 1월 1일, 설날, 추석 | 관람료: 무료

토속 어류 생태체험관 가는 길

승용차	각 지역 출발 ➡ 춘천(5번 국도, 407번 지방도) 경유 ➡ 화천 대이리 방향(460번 지방도) ➡ 딴산
ITX-청춘열차 및 전철	용산, 청량리, 옥수에서 출발하는 ITX-청춘열차 및 전철 승차 ➡ 남춘천역 하차 ➡ 춘천 시외버스 터미널로 이동하여 화천행 버스 승차 ➡ 화천 하차 ➡ 화천 시내버스터미널로 이동하여 13번(1일 5회), 2번(1일 16회), 1번(1일 3회) 버스 승차 ➡ 딴산 하차
버스	동서울 시외버스 터미널(구의동), 강남 고속 터미널, 상봉 터미널 또는 춘천 시외버스 터미널 ➡ 화천 시외버스 터미널 하차 ➡ 화천 시내버스 터미널로 이동하여 13번(1일 5회), 2번(1일 16회), 1번(3회 1일) 버스 승차 ➡ 딴산 하차

물고기 탐구 여행

딴산을 지나 다리를 건너가면
구만리 어룡동에 토속 어류 생태 체험관이 있답니다.

생김새도 다르고 입은 옷의 무늬나 색, 심지어 살아가는 습성도
모두 제각각인 물고기들은 아이들에게
매우 흥미로운 학습 공간을 제공해 줍니다.

물고기의 눈으로 본 세상은 사람과 어떻게 다를까?
2층 체험관에서 궁금증을 풀어볼 수 있답니다.

물고기들과 한층
친해지는 계기가
될 수 있답니다.

한국 수달연구센터
수달과 함께 환경을 지킨다

한국 수달연구센터가 방천리에 자리를 잡았다

화천은 산이 86%, 물은 6%, 농토는 5%인데 군부대 3개 사단이 인접해 있기 때문에 개발에는 각종 규제가 따른다. 그래서인지 상대적으로 자연이 잘 보존된 청정 지역을 지킬 수 있었다.

한성용 박사는 화천의 아름다운 청정 지역을 지키는 일환으로 2005년 문화체육관광부 협조를 얻어 화천군 하남면 거례리에 위치한 폐교를 리모델링해 사단법인 한국수달보호협회를 탄생시켰다. 수달연구협회는 2005년부터 전국에 수소문해 수달 50여 마리를 확보했다. 주로 부상을 입거나 어미가 죽어 고립된 새끼 수달 등이었는데 이들을 돌보고 치료해 완치되면 방사했다.

수달연구센터에 보호 중인 수달

2007년에는 아시아 최초로 국제 수달 총회를 화천에서 개최했다. IUCN(국제자연보호연맹) 36개국 회원국 대표 200여 명이 참석했는데, 그들은 작은 지방 자치단체 화천에서 국제 학술 회의를 개최했다는데 매우 놀라워했다. 당시, 국제 수달 총회는 북한에 서식하는 수달을 남북 공동으로 연구할 수 있다는 기대를 품고 북한의 수달 학자인 김종열 박사를 초청했었다. 이후로 치료를 통해 완치된 수달은 사람의 왕래가 부가능한 DMZ 인근인 오작교에 방사했다.

DMZ에 사람은 가지 못하지만 수달은 마음대로 남북을 넘나들 수 있기 때문에 북으로 방사된 수달의 행동 반경과 이동 경로 등 습성에 대한 본격적인 연구를 기대했다. 그러나 지금까지 일곱 번 정도 수달을 북한으로 보냈는데, 단 한 건도 성공을 거두지 못했다. 그럼에도 화천군은 희망의 끈을 놓지 않는다. 수달을 통한 남북한 교류가 이루어지길 간절히 희망하고 있기 때문이다.

한국 수달보호협회가 탄생된 지 8년 후 2013년 하남면 거례리에서 방천리로 자리를 옮겨 한국수달연구센터 개관식을 했다.

멸종 위기의 수달 살리기

수달은 족제비과 동물로, 전 세계적으로 총 13종이 서식하고 있으며, 우리나라에는 유라시아수달 한 종만 서식한다. 세계 자연보존연맹 종보존 위원회(IUCN/SSC)는 수달은 인위적 방해가 없고 오염 없이 깨끗하며, 먹이가 충분히 공급될 수 있는 해양, 강, 호수, 늪 지역에 주로 서식하는 종으로서, 전 세계 많은 지역의 습지와 수로에 있어서 건강한 수환경의 지표종이라고 명시했다.

수달연구센터 내에 수달 13종이 소개되어 있다

수환경에 서식하는 수달과 같은 대형 종에 대한 구체적인 보호 계획을 세우고 실행하는 것은, 수달뿐 아니라 다른 종들의 서식 환경까지 개선시키는 영향을 미칠 수 있다. 더 나아가 생태계 전반에 걸쳐 자연을 보호하는 효과를 거둘 수 있다.

수달은 모피의 우수성 때문에 국내뿐 아니라 전 세계적으로 막대한 숫자가 희생되어 왔으며 근래에는 밀렵과 그 서식지 손실로 인해 수가 급감하는 추세이다.

우리나라에서는 1982년 수달을 천연기념물 330호로 지정하고 환경부의 멸종 위기종 1등급으로 지정하여 수환경의 지표 동물로 법적 보호를 하고 있다. 수달 보호를 위해서는 국민들의 자발적인 참여가 무엇보다 필요한 시점이다.

한국 수달연구센터 홈페이지에 들어가면 천연기념물 지킴이단을 모집하고 있다. 한국에서는 최초로 수달연구센터를 세운 화천군의 노력에 전 국민이 관심을 가지고 힘을 모아 수달 지킴이가 되어야 한다. 수달을 지키는 것이 우리의 자연환경을 지키는 것이기 때문이다.

수달에게 먹이를 주는 시간에 맞춰 방문하면 수달을 직접 관찰할 수 있다. 먹이 주는 시간은 오전 9시~ 9시 30분과 오후 5시 30분~6시로 하루 두 차례 있다. 한국 수달연구센터는 특별히 아이와 함께 가면 자연의 소중함과 신비로움을 생각하게 되는 살아 있는 교육장이 된다.

이곳만은 둘러보자!
볼거리

 원천낚시터

춘천댐 상류에 자리 잡고 있는 낚시터이다. 향어, 붕어, 잉어 등 각종 민물고기들이 강태공들의 손길을 기다리고 있다. 낚시터 주변 경관도 아주 근사하다. 울창한 자연림이 호수를 둘러싸고 있어 낚시하는 내내 싱그러운 신록의 향기를 만끽할 수 있다. 호수에 떠 있는 수상 방갈로는 마치 그림 속의 들어온 듯 아늑한 정취를 뿜는다. 수상 방갈로에 머물면서 온 가족이 함께 낚시도 하고 청정 자연을 있는 그대로 즐기기 좋은 곳이다.

`주소` 강원도 화천군 하남면 원천리 144-1 `문의` 033-441-3677

맛 따라 여행 따라
맛집&숙박

유촌막국수

옛 맛을 즐기고 싶은 사람들이 줄을 이어 찾는 맛집이다. 직접 메밀을 경작, 수확하여 막국수 틀에서 면을 빼서 조리하는 옛날 방식으로 막국수 본래의 옛맛을 그대로 유지하고 있다. 다른 막국수집의 면과는 다르게 하얀색에 가까우며 매운 양념을 올리지 않고 시원한 맑은 육수에 메밀면이 나와 면 자체의 향을 느낄 수 있다. 막국수와 함께 먹으면 좋은 촌떡은 도토리 가루를 넣어 식감을 쫄깃하다. 간동면사무소 맞은편에 있다.

주소 강원도 화천군 간동면 유촌리 **문의** 033-442-5062 **시간** 09:00 ~ 21:00

용호리펜션

아토피 치유 체험관으로 유명하다. 한국수달연구센터에서 간동면을 지나 유촌리 가는 길에 위치한 펜션으로, 아토피체험관, 한방 스파 목욕 체험 등 숙박객들이 무료로 즐길 수 있는 시설이 마련되어 있다. 정원에는 운치 있는 정자가 있고 바비큐 시설에서는 고기나 조개 등을 구워 먹을 수 있다.

주소 강원도 화천군 간동면 용호리 **문의** 033-441-5712

느릅마을 황토팬션

간동면사무소 뒤편에 있다. 전통 한옥 방식으로 지은 기와집, 초가집, 찜질방이 있고 마당이 아름답게 꾸며져 있다.

주소 강원도 화천군 간동면 유촌리 **문의** 016-784-4461

Info.

- 월하문학관
- 화천댐
- 다람쥐섬
- 파로호 선착장
- **한국 수달연구센터**
- 파로호 회센터
- 방천리

한국 수달연구센터
주소 강원도 화천군 간동면 방천리 1573
문의 033-441-9798
시간 09:00 ~ 18:00 | 쉬는 날 : 공휴일
홈페이지 http://www.akoc.org/

한국 수달연구센터 가는 길

승용차	각 지역 출발 ➡ 춘천(5번 국도, 407번 지방도) 경유 ➡ 화천 461번 지방도에서 오음리를 지나 방천리 방향 직진 ➡ 한국 수달연구센터
ITX-청춘열차 및 전철	용산, 청량리, 옥수에서 출발하는 ITX-청춘열차 및 전철 승차 ➡ 남춘천역 하차 ➡ 춘천 시외버스 터미널로 이동하여 화천행 버스 승차 ➡ 화천 하차 ➡ 택시 이용 (총거리 23.55km, 예상 시간 41분, 택시비 2만원 내외) 대중교통 없음
버스	동서울 시외버스 터미널(구의동), 강남 고속 터미널, 상봉 터미널 또는 춘천 시외버스 터미널 승차 ➡ 화천 시외버스 터미널 하차 ➡ 택시 이용(총거리 23.55km, 예상 시간 41분, 택시비 2만원 내외) 대중교통 없음

자연의 소중함을 공부하는 곳

화천에는 국내 유일의 한국 수달연구센터가 있습니다.

전세계적으로 13종의 수달이 분포하고 있는데요. 우리나라에 있는 종은 유라시아수달이라고 합니다.

수달이 살기 위해서는 인위적 방해가 없고 오염이 없이 깨끗하고
먹이가 충분한 해양, 강, 호수, 늪 지역이어야만 한다고 해요.
이런 환경은 수달뿐 아니라 다른 종들의 서식 환경도 개선할 수 있기 때문에
생태계에 긍정적인 효과를 미칠 것으로 보인답니다!

PART 4

물을 따라가며
마음을 씻는 풍경

파로호 | 산소 O₂ 100리길 | 붕어섬 | 용담계곡

파로호
'산속의 바다'라 불리다

대붕호라는 이름에서 파로호라는 이름으로

파로호(破虜湖)는 화천댐이 만들어지며 생긴 인공 호수이다.

1944년 일제 강점기, 일본은 대륙 침략을 위한 전력을 생산하기 위해 화천에 발전소를 건설한다. 댐의 위치는 북한강의 흐름이 360도로 바뀌는 화천군 간동면 구만리였다. 댐을 만들기 위한 자재를 육로로 옮길 수가 없어 춘천역에서 구만리까지 40km에 달하는 케이블카를 설치하고, 대붕제(大鵬堤)라는 비석도 세운다.

화천댐을 건설하면서 생긴 호수를 대붕호라고 이름 붙였다. 대붕(大鵬)이란 크기가 수천 리에 달하고 날갯짓 한 번으로 구만리를 날아간다는 전설의 새를 말한다. 멀리서 바라본 호수의 모습이 마치 상상 속의 봉황이 날개를 펴고 날아가는 대

붕의 모습처럼 보여서 붙은 이름이다.

　전력 수급에 중요한 역할을 하는 대붕호는 8.15 광복 이후 북한 땅이었는데, 한국전쟁 때 되찾게 되었다. 이를 치하하기 위해 이승만 전 대통령이 화천을 직접 방문해 깨뜨릴 파(破) 자와 사로잡을 노(虜) 자를 써서 파로호(破虜湖)라고 이름 지었다.

파로호 비

파로호 물빛누리호와 작고 귀여운 다람쥐섬 이야기

파로호는 10억 톤의 엄청난 담수량과 주변의 수려한 경관, 울창한 산림까지 어우러져 있어 '산속의 바다'라고 불린다. 깊은 산속에서 아름다운 경관을 자랑하는 파로호의 풍경을 감상하려면 용화산에서 내려다봐도 좋지만 유람선을 이용하면 비경을 제대로 감상할 수 있다.

　파로호의 아름다운 경관을 볼 수 있는 유람선 화천 물빛누리호는 2010년 4월 3일 첫 운항을 시작했다. 80톤급으로 대형버스 2대, 승용차 2대, 승객 100명 을 태울 수 있다. 파로호 선착장에서 출발하여 파로호를 가로질러 평화의 댐으로 가는 길에는 수달연구센터, 산속 호수마을이 있는 동촌리, 숨겨져 있어서 더 신비한 비수구미마을을 지나 '세계 평화의 종 공원'까지 약 24Km를 운항한다. 배를 타면

유람선을 타고 파로호의 아름다운 경관을 둘러볼 수 있어요~!

선장님의 상세한 관광 안내를 들을 수 있고 편도 1시간 30분이면 평화의 댐이 있는 종공원에 도착한다. 주말과 휴일에만 운항하며 30명 이상 단체 관람은 미리 예약하면 평일에도 운항한다. 주말에도 탐승객 최소 인원 10명으로 정해져 있어, 불가피한 경우 운항이 취소될 수 있으니 화천 물빛누리호를 이용하려면 사전 확인은 필수이다.

물빛누리호를 타고 파로호를 유유히 흘러가다 보면 파로호 한가운데 있는 다람쥐섬이 보인다. 선장님의 설명에 따르면 다람쥐를 일본에 수출하던 어떤 화천 주민이 다람쥐를 풀어 키우면서부터 그때까지 이름 없던 이 섬은 다람쥐섬이라고 불리기 시작했다고 한다. 그런데 가뭄으로 인해 육지와 연결되는 길이 생기면서 다람쥐들이 모두 사라져 버려 이제는 다람쥐가 살지 않는다. 아직도 다람쥐가 살고 있는지는 직접 확인해 볼 수 없지만 웬지 귀여운 다람쥐들이 오순도순 살고 있을 것 같은 작은 섬이다.

시조 시인 이태극이 노래한 파로호

시조 시인 이태극(1913~2003)은 화천군 간동면 방천리에서 태어났다. 화천댐이 만들어지면서 작가가 태어난 마을이 수몰되어서 그가 바라보는 파로호에 대한 마음은 각별할 수밖에 없다. 또한 나고 자란 화천 지역에서 겪었던 일제 강점기와 광복 그리고 한국전쟁은 감성이 풍부한 시인에게는 많은 생각을 하게 하는 곳이기도 하다. 2010년 시인의 고향에서 가까운 곳 동촌리에 그를 기리는 이태극 문학관이 설립되어 위대한 시조 시인의 탄생과 성장 그리고 활동 등을 한자리에서 살펴볼 수 있게 되었다.

하루 두 번 '평화의 종' 타종 체험을 할 수 있어요.

세계평화의 종공원에 있는 '침묵의 종'으로 오르는 길

파로호 한가운데 있는 귀여운 다람쥐섬

이곳만은 둘러보자!
볼거리

파로호 안보전시관
1990년에 건립된 안보전시관에는 군의 근대 역사와 한국전쟁 당시 중공군 3개 사단을 섬멸하고 화천 댐을 사수한 국군 제6사단 파로호 전사들의 용맹한 활약상과 화천 지역의 파로호 전투, 643고지전투 등 전투 승리사 등을 전시하고 있다.

주소 강원도 화천읍 화천군 간동면 구만리 산 215
문의 033-440-2563 **시간** 09:00 ~ 18:00 | 연중무휴

파로호비

한국전쟁 당시 중공군을 파로호에 수장시킨 공적을 기리고 대통령이 내린 휘호를 기념하기 위해 건립했다. 파로호 선착장으로 가는 길에는 자유 수호탑이 있고 그 옆에 파로호를 알리는 표지판이 있다. 이 옆길을 따라 올라가면 전망대가 나오는데 그곳에 파로호비가 있다. 파로호비 근처는 전국 제일의 낚시터로도 유명하다. 잉어, 붕어, 메기, 쏘가리 등 각종 담수어가 풍부해 전국 각지에서 낚시꾼들이 모여든다. 이승만 대통령도 파로호 주변에 별장을 세우고 이곳을 종종 찾아 휴식을 즐겼다고 한다.

주소 강원도 화천군 간동면 구만리
문의 033-440-2557

 ### 643고지 전투 전적비

한국전쟁 당시 수리봉 643고지 전투 전적비로 평화의 댐으로 가는 길에 있다. 백병전 끝에 적을 물리치고 사수한 전과를 길이 남기고 이 전투에서 산화한 장병들을 추모하기 위해 건립했다. 한국전쟁 당시 중부 전선에서 가장 격렬한 전투가 벌어진 곳이 화천 지역이었다. 화천 수력발전소는 당시 부족했던 전력 때문에 남북이 서로 차지하려고 병력을 집중하게 되면서 치열한 전투가 벌어졌었다. 시간은 흘러 이제 숲에 둘러싸인 전적비만 남아 당시의 상황을 전한다. 주변에 위치한 화천 수력발전소, 꺼먹다리 등도 함께 둘러보면 좋다.

주소 강원도 화천군 화천읍 대이리 산 8 **문의** 033-440-2226 | 연중무휴

맛 따라 여행 따라
맛집&숙박

화천어죽탕
TV에서 맛집 코너에 단골로 소개되어 더욱 유명한 곳이다. 파로호로 가는 길 북한강이 바라보이는 곳에 위치해 있어 파로호 구경길에 들르면 좋다. 어죽탕의 맛도 좋지만 먹는 동안에 흐르는 인디언 음악도 마음을 편안하게 해준다. 실내와 외부에 미술품이 진열되어 있어 맛과 멋이 어우러지는 분위기가 특별하다. 대표 메뉴 어죽탕은 북한강에서 잡은 자연산 물고기를 버섯, 파 등과 함께 끓여 담백하고 시원하다.

주소 강원도 화천군 간동면 구만리 문의 033-442-5544 시간 09:00 ~ 20:00 연중무휴

파로호 한옥펜션
그림처럼 펼쳐지는 북한강을 내려다볼 수 있는 곳이다. 인근에 강위로 길을 낸 화천 산소 100리길이 있어 산책하기 좋다. 전통 한옥의 정수를 느낄 수 있는 수려한 펜션 건물은 친환경 방식으로 지었으며 방마다 각기 다른 색을 주제로 한 인테리어가 돋보인다.

주소 강원도 화천군 화천읍 아리 95-2
문의 010-3814-1488 홈페이지 http://www.paroho.kr

Info.

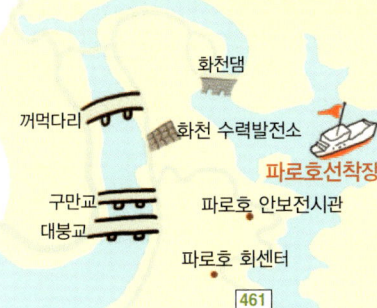

파로호 선착장
비수기: 11.1~4.30 1일 1회 파로호 선착장 출발 13:00 평화의 댐 16:00
성수기: 5.1~10.31 1일 2회 파로호 선착장 출발 09:00, 13:00 평화의 댐 12:00, 16:00
주소 강원도 화천군 간동면 구만리 1177-3
문의 (평일) 033-440-2731~3, (주말) 033-440-2575, 2557

파로호 가는 길

승용차	각 지역 출발 ➡ 춘천(5번 국도, 407번 지방도) 경유 ➡ 화천 대이리, 평화의댐 방향 ➡ 오음리, 간척 방향 ➡ 파로호 회센터 진입 ➡ 파로호 선착장 도착
ITX-청춘열차 및 전철	용산, 청량리, 옥수에서 출발 ➡ 남춘천역에서 하차 ➡ 춘천 시외버스 터미널로 이동하여 화천행 버스 승차 ➡ 화천 하차 ➡ 화천 시내버스 터미널로 이동하여 오음리-간척 방향으로 가는 5번 버스(1일 9회) 승차 ➡ 파로호 회센터 하차
버스	동서울 시외버스 터미널(구의동), 강남 고속 터미널, 상봉 터미널 또는 춘천 시외버스 터미널 ➡ 화천 시외버스 터미널 하차 ➡ 시내버스 터미널로 이동하여 오음리-간척 방향 5번 버스(1일 9회) 승차 ➡ 파로호 회센터 하차

다람쥐섬의 유래

파로호의 풍경을 제대로 감상하려면
물빛누리호를 타는 것이 좋아요.

물빛누리호를 타고
파로호를 유유히 흘러가다 보면
선장님의 상세한 관광 안내를 듣게 되는데
그중 이색적인 다람쥐섬 이야기가 있답니다.

선장님의 이야기에 따르면
한 주민이 이 섬에 다람쥐를 풀어 놓고
키웠다고 해요.

그런데 가뭄이 들어
다람쥐가 모두 도망가 버리고
지금은 덩그러니
섬만 남았다고 합니다.

그런데 혹시 모르죠!
다람쥐가 살고 있을지도 모르니
잘~ 살펴보세요~

산소 O_2 100리길
북한강 물길을 따라 걷다

물 위로 걷는 신기한 폰툰 길 (pontoon road)

사람들은 자신이 할 수 없는 일에 대한 꿈을 꾼다. 날개가 없어 날 수 없는데도 수많은 시행착오를 거치면서 비행기를 만들었고, 이제는 비행기 표만 있으면 누구나 날 수 있게 되었다. 하늘을 나는 것만큼이나 물 위를 걷고 싶은 사람들의 시도는 끊임없는 진행형이다.

화천에는 물 위로 걸으며 아름다운 북한강 풍경을 즐기고 싶은 사람들을 위해 준비한 수상 폰툰 길(pontoon road)이 있다. 물 위에 떠 있는 부교 형태의 길이다. 길

물 위에 붕 떠 있는 푼툰 길

을 만든 재료인 폰툰은 바닥이 평평한 상자형 부유 구조물을 말한다. 이 지역은 산비탈이 심해 만약 산으로 길을 내려면 아름다운 자연을 훼손할 수밖에 없다고 한다. 그래서 물 위에 폰툰을 띄우는 형식을 선택했다고 한다.

이곳에 오면 누구나 물 위를 걷는 낭만에 푹 빠질 수 있다. 특히 북한강의 물안개는 너무나 아름다운 경치를 연출한다. 물안개가 수면에 가득할 때 폰툰 산소길을 걸으면 발밑의 길이 보이지 않아 말로 표현할 수 없을 정도로 신비롭다.

이 길의 이름이 '산소길'이라 처음 듣는 사람들은 '무덤으로 가는 길'로 오해하기도 한다. 산소길의 산소는 O_2를 말하는 거라고 설명하면 그제야 밝게 웃게 된다.

산개가 자욱한 신비한 분위기의 북한강

나무 폰툰 길로 이어진 산소길

산소길은 문화체육관광부가 선정한 '사진 찍기 좋은 녹색 명소 25곳'에 포함될 만큼 한번 다녀간 사람들은 잊지 못하는 명소로 자리 잡았다.

작가가 추천하는 산소길 코스

파로호 산소 100리길은 자전거 마니아들과 이색적인 체험을 즐기려는 관광객들을 위해 마련된 자전거 전용 길이다. 북한강을 따라 이어져 있으며 길이는 총 100리(약 421.2km)이다. 이 자전거 길을 완주하고 100세까지 장수하라는 의미로 100리길을 만들었다고 한다.

100리길을 모두 완주해도 좋지만 그중에서 특별히 추천하고 싶은 길은 두 발로 걸어서도 갈 수 있는 수변 트레킹 코스이다.

자전거 타고 산소 100리길을 달려 보자!

자전거 전용 산소 100리길은 자전거를 가져가도 되지만, 붕어섬 앞에 있는 대여소에서 신분증을 제시하고 대여비 10,000원을 내면 빌려 탈 수 있다. 대여비는 자전거를 반납할 때는 화천시장 상품권으로 돌려준다. 산소 100리길은 붕어섬→대이리→꺼먹다리→딴산→화천댐→살랑골(숲으로다리)→위라리→거레리→논미리→동구래마을로 이어진다.

이곳만은 둘러보자!
볼거리

🚩 미륵바위

북한강 최상류인 화천읍 대이리 화천댐 근처에는 길가에 미륵바위 5개가 서 있다. 우리나라는 전국 각지에 미륵바위가 많이 있는데 이곳 미륵바위는 그 형태가 일반적인 미륵바위와는 다른 모양으로 서 있다. 전해 오는 말에 따르면 조선 후기에 건립된 절터에 있었던 것으로 추정할 뿐 문헌상 기록은 없다. 이중 가장 큰 미륵바위는 높이가 사람 키만 한 170cm이며 그 옆에 약간 작은 미륵바위 하나가 있고, 나머지는 3개 바위는 제일 큰 바위의 반 정도 크기이다.

주소 강원도 화천군 화천읍 대이리
문의 033-440-2557

🚩 낭천산림욕장

원래 지역 주민들을 위한 작은 산책로였는데 최근에 새롭게 정비하여 등산과 더불어 휴양을 즐길 수 있는 건강 공원으로 탈바꿈했다. 주요 시설로는 80m 길이의 맨발 지압로, 반원주목 등이 있다. 계곡을 가로지르는 12m의 나무다리는 아찔한 느낌을 주는 재미가 있다. 등산로 중 일부는 나무계단으로 만들어 여행객들이 오르기 편하게 만들어 어린이나 노약자 모두 쉽게 이용할 수 있다. 정상에는 낭천루 정자각이 있어 정상까지 오른 사람들이 편하게 쉬었다 갈 수 있다. 상쾌한 숲 속을 걸으며 건강한 산책을 할 수 있는 곳이다.

주소 강원도 화천군 화천읍 중리
문의 033-440-2557 | 연중무휴

맛 따라 여행 따라
맛집&숙박

맛집

콩사랑

건물은 예쁜 산장 카페 분위기이다. 실내는 벽난로와 조각상, 그림으로 분위기 있게 장식되어 있어 음식 맛도 좋지만 분위기가 곁들여져 기억에 오래 남는 음식점이라 연인들에게 추천하고 싶은 음식점이다. 두부전과 모듬전, 불고기, 콩탕 등 10여 가지의 반찬이 제공되는 모듬 보쌈이 주 메뉴이다.

주소 강원도 화천군 화천읍 대이리 | 문의 033-422-2114 | 시간 11:30~19:00 | 연중무휴 | 사전 예약 가능

시골쌈밥

미륵바위 맞은 편에 위치해 있는 가정식 식당이다. 북한강의 아름다운 전경을 감상할 수 있고 민박을 겸하고 있다. 매콤한 제육덮밥과 함께 싸먹는 우렁쌈밥은 대표 메뉴이다. 직접 담근 시골 맛 강된장에 우렁과 각종 양념을 넣고 끓인 우렁쌈장에 상추, 깻잎, 청경채 등 신선한 채소가 쌈으로 나온다. 기타 두부전골, 갈치조림, 토종닭 등도 있고 쌈밥은 2인분 주문만 가능하다.

주소 강원도 화천군 화천읍 대이리 | 문의 033-441-1101 | 시간 11:00~21:00 | 연중무휴

숙박

까치펜션

모든 객실이 복층 구조여서 넓고 쾌적하게 지낼 수 있다. 객실마다 독립된 데크에서 간단한 차와 바비큐를 즐길 수 있다. 텃밭에 있는 상추, 깻잎, 고추 등 다양한 계절 야채를 원하는 만큼 채취해서 먹을 수 있다. 정원엔 아이들 그네가 있어 가족이 함께 머물기에 좋다.

주소 강원도 화천군 화천읍 대이리 319-5 | 문의 033-441-5446 | 홈페이지 http://www.magpiepension.com

Info.

파로호 산소 O₂ 100리길

파로호 산소 100리길은 서오지리 연꽃 단지부터 화천댐으로 화천강을 따라가는 길로, 정해진 출발지와 종착지가 따로 없이 큰 원 형태로 연결되어 있다. 자전거 대여소가 있는 붕어섬 입구를 출발점으로 삼으면 좋다. 산소길 중에서 가장 인기 있는 폰툰 다리는 미륵바위를 지나 대붕교 가기 전에 있다.

파로호 산소 100리길 가는 길

승용차	🚗 각지역 출발 ➡ 춘천(5번 국도, 407번 지방도) 경유 ➡ 화천 도착
ITX-청춘열차 및 전철	🚂 용산, 청량리, 옥수에서 출발 ➡ 남춘천역에서 하차 ➡ 춘천 시외버스 터미널로 이동하여 화천행 버스 승차 ➡ 화천 하차
버스	🚌 동서울 시외버스 터미널(구의동), 강남 고속 터미널, 상봉 터미널 또는 춘천 시외버스 터미널 승차 ➡ 화천 시외버스 터미널 하차

조상님 산소? O₂?

화천에는 특별한 길이 있어요.
바로 강물 위를 걷는 산소길입니다.

보통 산을 깎아서 길을 만드는데

붕어섬
수상 레포츠를 즐길 수 있다

영화와 드라마의 단골 촬영지 붕어섬

붕어섬은 북한강 상류인 화천강 한가운데에 있는 섬이지만 육지와 섬을 잇는 다리가 있어 걸어서 갈 수 있다. 화천 시외버스 터미널에서 내려 약 10분만 걸어가면 나오는 곳이라 접근성 또한 좋아 관광객들이 많이 찾는 곳이다.

붕어섬은 위에서 내려다보면 마치 붕어처럼 생겼다고 해서 붙은 이름이라고 한다. 붕어빵에는 붕어가 없는데, 붕어섬에는 붕어가 있을까 없을까? 붕어섬에는 붕어가 많이 살고 있다. 섬 주변에 참붕어가 많아서 낚시 애호가들의 사랑을 듬뿍 받는 곳으로도 유명하니 '붕어가 많이 잡히는 섬'이라는 뜻도 있는 것 같다.

오래전 붕어섬은 현지인들에게 '늪버덩'이라고 불리던 곳으로 지금의 섬 면적보다 넓었는데 1965년 춘천댐이 생기면서 섬 주변은 물에 잠기고 고지대만 남아 지금의 섬을 이루게 되었다.

이제 붕어섬은 화천 여행에서 꼭 들러야 하는 필수 코스로 손꼽힌다. 붕어섬에서 화천강 맞은 편 피니시 타워로 연결되어 있는 줄을 타고 상공으로 이동하는 '하늘 가르기' 등 다양한 레저를 즐길 수 있어서 큰 인기를 끌고 있기 때문이다. '하늘 가르기'는 지상에서만 바라보던 화천강을 마치 한 마리 새가 된 듯 날아올라 짜릿한 순간을 즐길 수 있다. '하늘 가르기' 타는 곳에서 바로 아래로 내려가면 카약이 준비되어 있다. "여기는 왠지 낯익은데?"라고 생각할 수 있다. 이곳은 우리나라 국가대표팀과 MBC-TV 무한도전팀이 조정 경기를 펼치면서 TV에 소개된 곳이기 때문이다.

이곳에서는 누구나 손쉽게 카약을 배울 수 있다. 또한 화천에 살고 있는 감성마을 이외수 작가가 직접 체험하고 '초승달 모양의 나뭇잎 같은 조각배'를 닮았다 하여 이름 지어 준 수상 자전거 월엽편주가 있다. 월엽편주를 타고 물 위를 달려 보면 어느새 세상 근심을 훌훌 털어 버릴 수 있다.

코레일이 직접 운영하는 씽씽 카트 레일카는 청정 지역 화천의 북한강변을 무

붕어섬 캠핑장

붕어섬 전경

공해 전기 동력을 이용하여 육로와 철길을 동시에 달리는 신개념 레일카이다.

고공을 가르고 물 위를 달리는 놀이 시설로 두근두근 즐거웠다면 더 안쪽으로 들어가 잠시 휴식을 가져 보자. 예쁜 꽃들이 핀 산책로를 천천히 걸으며 벤치에 앉아 땀을 식혀 주는 맑은 공기에 고마움을 전하기도 딱 좋다. 붕어섬 끝자락까지 들어가면 초록 잔디가 펼쳐진 드넓은 풋살 경기장, 테니스장, 축구장, 주차장, 야외 공연장이 있다. 천여 명을 수용할 수 있는 야외 공연장은 7월 중순부터 한 달간 쪽배축제가 열리는 곳이기도 하다. 차를 타고 지나가며 보는 붕어섬은 울창한 숲으로 뒤덮여 있어 그 안에 이런 다양한 시설이 있다고는 상상이 안 된다. 그러나 일단 섬 안으로 들어오면 하루가 부족할 정도로 볼거리, 놀거리가 많다.

쪽배축제가 열리는 곳

물의 나라 화천 쪽배축제는 7월 말부터 한 달간 붕어섬 일대에서 열린다.

주민들이 적극 참여하는 참여형 축제로 해가 거듭될수록 인기와 흥미를 더해 가는 대한민국 창작 쪽배 콘테스트가 볼 만하다. 전국 각지에서 참가자들이 몰려와 그 열기가 대단하다. 축제 기간에는 다양한 수상 레포츠의 묘미에 빠질 수 있다. 100대의 카약이 준비돼 있어 카약 체험을 할 수 있고 용선 체험, 대규모 강변 물놀이장, 수상 미로 등 물의 고장 환천답게 물과 연계한 각종 체험을 해 볼 수 있다. 축제 기간 중에는 전국 드래곤 보트 대회, 수상 골프 대회, 세계 강 문화 국제 포럼 등 다양한 부대 행사가 함께 열린다. 또 자전거 체험장을 비롯해 야외 물놀이장, 한강 수계 미니어처, 150개의 텐트촌 등 피서객들이 즐길 수 있는 다양한 레저 시설도 함께 마련되어 있어 화천의 여름 축제로 자리를 잡아 가고 있다.

F-40 팬텀기가 설치된 피니시 타워

최근 피니시타워가 화천의 새로운 명소로 부상하고 있다. 피니시타워는 '2007년 아시아 카누 경기대회' 당시 피니시 라인의 기록 계측 및 중계를 위해 설치된 건축물이었다. 높이 20m, 폭 6m, 길이 90m의 대형 철골 조형물로, 독특한 외관이

물놀이 시설에서 즐거운 어린이들

육로와 철길을 동시에 달리는 카트 레일카

화천강의 특색으로 자리 잡게 되었다. 아시아 카누 경기대회 폐막 후 화천군에서는 시설을 개조해 수상 골프장, 전망대 휴게실 등을 갖춘 관광 명소로 이용하고 있다. 조정, 카누 등의 국내 체육대회를 유치하는 것은 물론 '화천 쪽배축제' 개최 장소로 적극 활용하고 있다.

팬텀기가 설치된 피니시타워

3층 전망대에서는 북한강 상류의 정취를 한눈에 감상할 수 있다. 피니시타워 최정상에서부터 붕어섬을 오고가는 하늘가르기는 화천을 찾는 여행자들의 인기를 한 몸에 받고 있다.

또한 타워 상단에는 공군에서 기증받은 F-4D 팬텀기가 설치돼 있다. 전쟁의 종식과 화천의 기상을 상징한다. 타워 인근에는 수변 산책로, 인조·천연 잔디구장 등이 있고 바로 뒤편에는 화천 용암리 일대에서 발견된 선사 유적 전시실과 화천의 의식주와 농경, 도자기, 민속 생활용품 등을 비롯해 화천의 인물들까지 전시해 놓은 화천 민속박물관이 자리하고 있다.

하늘가르기

이곳만은 둘러보자!
볼거리

 화천 회전탑 교차로

화천대교 교차로에서 눈에 띄는 독특한 조형물을 발견할 수 있다. 부드럽게 하늘을 향해 솟아오르는 듯한 모양을 한 이 조형물은 화천 회전탑 교차로로 화천의 특징을 대표하는 '청정'을 테마로 건설되었다. 5개 읍면을 상징하는 5층 탑 형태로 만든 것도 인상적이다. 산과 강이 어우러지고 산천어와 수달이 사는 청정 지역 화천의 기상을 되새기고 무궁한 발전을 기원하자는 의미를 담고 있다.

산천어 시네마

화천군에서도 최신 영화를 볼 수 있게 되었다. 멀티플렉스 개봉 영화관 〈산천어 시네마〉가 화천읍 아리 서화산 다목적광장에 125석 규모로 문을 열었기 때문이다. 2015년 12월 20일 '국제시장'을 시작으로 앞으로 핫한 동시개봉작을 선보일 예정이다. 관람료는 2D는 5천 원, 3D는 8천 원이며 관내 주둔 사병과 청소년은 천 원 할인된 금액으로 영화를 관람할 수 있다. 관람료가 대도시의 60% 수준으로 매우 착한 가격이다.

주소 강원도 화천군 화천읍 상승로 2길 25-10
문의 033-441-7053

 ### 물레방아공원

화천읍 하리 배수펌프장 유수지에 조성된 공원으로, 높이 15m의 대형 물레방아와 17m의 워터 스크린, 길이 45m에 달하는 LED 터널 등을 설치해 다양한 볼거리와 체험거리를 즐길 수 있도록 했다. 특히 LED 터널은 세계적으로 유명한 미국 라스베이거스 터널을 축소한 것으로, 내부에 길이 18m, 폭 3m에 달하는 고화질 전광판을 설치했다. 고구려의 기상을 느낄 수 있는 광개토대왕비도 보인다. 높이 7m, 폭 2.5m의 화강석으로 만들어졌으며 실제 광개토대왕비와 마찬가지로 1,775자의 한자를 새겨 넣었다. 원형 광장에는 오리온, 전갈, 쌍둥이, 사자 등 24개의 별자리를 설치해 인기를 모으고 있다.

주소 강원도 화천군 화천읍 상리40-2
문의 033-440-2445 | 연중무휴

산천어 커피 박물관

화천군에 가면 커피 마니아들이 행복해 할 커피 박물관이 있다. 커피 애호가, 커피 비즈니스 관련자, 바리스타를 꿈꾸는 사람들에게 교육 및 체험의 장으로 활용하고자 화천군에서 야심차게 설립한 커피 박물관이다. 박물관 내에 있는 커피유물 전시실에는 제임스 리가 기증한 대형 커피그라인더, 가스 커피로스터, 에스프레소머신, 휴대용 커피 기구 등 1,000여 점을 볼 수 있다. 산천어 커피 박물관은 커피를 마시면서 앤틱 커피 용품의 매력에 푹 빠져 볼 수 있는 특별한 명소이다.

주소 강원도 화천군 화천읍 상승로 2길 21
문의 033-442-2544

 ## 위라리 칠층석탑

강원도 유형문화재 제30호로 지정된 우리나라에서 보기 드문 7층 석탑이다. 고려 25대 충렬왕 때 화천군 하남면에 있는 계성사의 분사인 일명사와 함께 세워져 일명사탑이라고도 전해지기도 한다. 조형 양식은 신라계 석탑의 형식으로 탑신 몸돌의 모서리마다 기둥 모양을 새겨 놓았다. 탑의 원래 위치가 지금의 위치와 같은지는 확실하지 않지만, 한국전쟁 당시 읍내가 모두 불타 없어진 격렬한 상황에도 지켜 낸 문화 유적이라 더욱 소중한 가치가 있다.

주소 화천군 하남면 위라리 397
문의 033-440-2226

맛 따라 여행 따라
맛집&숙박

타박네 레스토랑

지방 소도시를 여행할 때는 대부분 나이 드신 분이 운영하시는 작고 허름한 맛집을 찾는다. 그러나 때로는 편안한 의자가 마련된 추억의 팝송이 흐르는 레스토랑에 가고 싶을 때가 있다. 화천읍내에 있는 레스토랑 세 곳 중 하나이다. 모든 메뉴는 주인이 직접 만들어 신선하고 깔끔한 맛을 자랑한다. 창가에 앉으면 화천강이 잘 보여 연인들 데이트 코스로 선호하는 곳이라고 한다. 타박네 레스토랑에서 식사를 한 후 강을 따라 연인들의 길을 산책하다 보면 낭만적인 프로포즈 조각상을 만날 수 있다.

주소 강원도 화천군 화천읍 하리 48-18 문의 033-442-3090

형수님밥상

가정식 백반 및 다양한 식사류를 갖춘 음식점. 천장이 낮고 방과 방 사이가 옛날 집처럼 허물 없이 가까워 정겨운 분위기가 느껴진다. 편안한 집밥을 먹고 싶은 단골들이 많으며 아침 식사도 가능하다.

주소 강원도 화천군 화천읍 하리 문의 033-442-3533 시간 06:30 ~ 20:00

화천 열차펜션

붕어섬 맞은편 북한강 강변에는 30년 동안 철길을 달리던 새마을호 열차를 개조하여 조성한 열차펜션이 있다. 이곳은 화천 시내와 산천어 축제장과도 매우 가까워 이동이 편리하다는 장점이 있다. 기차 룸 바로 앞에서는 북한강 풍경을 즐기며 바비큐를 할 수 있도록 그릴, 집게, 참숯 세트를 대여해 준다.

주소 강원도 화천군 하남면 위라리 문의 033-441-8877 홈페이지 http://www.hctrainpension.com

Info.

붕어섬
주소 강원도 화천군 화천읍 하리
문의 033-440-2557

붕어섬 가는 길

승용차	🚗 각 지역 출발 ➡ 춘천(5번 국도, 407번 지방도)을 경유 ➡ 화천 ➡ 붕어섬 사거리 우회전 ➡ 직진 300m
ITX-청춘열차 및 전철	🚆 용산, 청량리, 옥수에서 출발하는 ITX-청춘열차 및 전철 승차 ➡ 남춘천역 하차 ➡ 춘천 시외버스 터미널로 이동하여 화천행 버스 승차 ➡ 화천 하차 ➡ 도보 10분
버스	🚌 동서울 시외버스 터미널(구의동), 강남 고속 터미널, 상봉 터미널 또는 춘천 시외버스 터미널 승차 ➡ 화천 시외버스 터미널 하차 ➡ 도보 10분

붕어 모양의 섬

붕어섬은
화천 공영 버스터미널에서
걸어서도 갈 수 있는
가까운 거리랍니다.

붕어섬은 하늘에서 보면
이렇게 붕어 모양으로 생겼답니다.
그리고 실제로 붕어도 많이 살고요.

그리고 쪽배축제 기간에는
쪽배축제 외에도 전국 드래곤 보트 대회,
수상 골프 대회, 세계 강 문화 국제 포럼 같은
행사가 함께 열리니 관심이 있으시면
쪽배축제 기간에 오시는 것도 좋을 거예요.

용담계곡
선비들이 시를 읊던 곳

옛 문인들이 사랑했던 용담계곡

물의 고장 화천의 진면모를 유감없이 보여주는 곳으로 조선시대 선비 김수증이 살면서 이름 지은 곡운구곡 중 3곡인 신녀협(神女峽: 신녀의 협곡)과 4곡인 백운담(白雲潭:흰 구름 같은 못) 사이를 용담계곡이라고 한다. 맑은 물과 울창한 숲은 화천 지역 계곡의 특징이지만 용담계곡처럼 넓은 바위가 많은 계곡은 전국적으로 찾아보기 드물다. 옛 문인들은 이곳에서 사색하며 시를 짓고 그림 그리는 장소로 사랑했다.

1823년 이곳에 온 정약용은 중용의 미가 바로 이곳이라고 감탄하며 수자원과 식물 자원을 연구하는 등 남다른 관심을 보이기도 했다. 지금도 용담계곡은 산을 끼고 휘돌아가는 푸른 물의 모습이 마치 청룡을 연상하게 하는데 그래서 이름도 용담계곡이고 용이 천 년간 이곳에 머물다 승천했다는 전설을 간직하고 있다. 화천 9경 중 하나인 용담계곡은 화천군 사내면 사창리에서 56번 국도를 타고 춘천 지촌 방면으로 가다 보면 오른쪽에 경치가 수려한 골짜기가 나타나는데, 이곳이 바로 용담계곡이다.

곡운구곡 중에 가장 아름답다고 손꼽는 3곡 신녀협

조선시대 학자 김수증이 화천군 사내면 삼일리 화악산 북쪽 기슭에 정착하여 살면서 절경 9곳을 찾아내 '곡운구곡'이라 이름 붙였다. 그리고 당대 최고의 화가 조

용머리를 닮아
용담계곡

제3곡 신녀협

세결을 불러 그림으로 그리게 했는데 그것이 바로 〈곡운구곡도〉다. 화가 조세걸에게 곡운구곡을 9폭에 그려 완성하게 한 뒤 각 곡마다 시를 지어 붙였다.

곡운구곡 중에 가장 아름답다고 손꼽는 3곡 신녀협은 물의 신 하백의 딸 신녀가 머물렀다 해서 붙여진 이름이라고 한다. 신녀협의 너럭바위는 매우 넓어 이곳에서 시를 짓고 노래를 부르며 한바탕 잔치를 벌렸을 옛 선비들의 모습이 그려진다.

김수증은 신녀협의 언덕인 수운대를 매월대라고 부르는 것을 보고 이곳에 매월당 김시습이 머물렀다고 확신해 김시습의 호 '청은'을 빌려와 청은대라는 누각을 이곳에 세운다. 지금의 청은대는 김수증이 남긴 문헌을 바탕으로 2006년에 복원한 것이다.

4곡 백운담을 보고 김창협은 물살이 센 곳이라 '날뛰며 뿜는 물, 기세 좋은 못'이라 표현하며 계곡물이 바위에 부딪쳐 부서지는 것이 마치 하얀 구름(기세 좋은 못 위엔 안개 가득 끼었네)과 같다고 시를 지었고, 정약용은 쏟아져 흐르는 계곡 물이 기괴하고 웅덩이에서 솟아 넘치는 기운이 언제나 흰 구름 같아 보기 드문 기이한 광경이라고 감탄했다. 백운담은 지금도 센 물살이 흐르고 있어 바위들은 마치 보드라운 빵처럼 둥글고 푹신해 보인다.

청은대

이곳만은 둘러보자!
볼거리

   군부대 역사관

용담계곡 근처에 있는 이기자부대 안에는 군부대 역사관이 있어 일반인들도 신청하면 관람 가능하다. 이곳은 용산 전쟁 기념관과 함께 국내 유일의 군부대 역사관이다.

특별히 이기자부대의 변천사와 함께 한국전쟁의 발발 원인과 전쟁 경과 및 휴전에 이르기까지는 물론이고 한국전쟁 당시 중동부 전선의 전쟁 상황에 대한 자세한 설명을 들을 수 있다. 역사실에서는 1950년대 이후 이기자부대와 관련된 희귀 사진들도 있어 화천에서만 볼 수 있는 특별한 경험이 된다.

   화인화훼농장

대규모로 꽃을 키우는 화훼 농장이다. 화천의 곳곳을 수놓은 꽃들은 대부분 이곳에서 키워져 나간다. 용담계곡 물이 맑고 깨끗해 토마토도 전국에서 품질을 인정받고 있지만 이곳에서 키우는 꽃들 역시 유독 색이 짙고 싱싱하다.

주소 강원도 화천군 사내면 용암리
문의 033-441-7665

맛 따라 여행 따라
맛집&숙박

맛집

용담계곡에서 약 1Km 가면 사창리마을 음식점 거리가 있다. 다양한 메뉴를 파는 음식점들이 즐비해서 취향대로 골라 먹을 수 있다는 장점이 있다.

돼지나라족발공주 주메뉴: 족발
문의 033-441-1139

산골미꾸라지매운탕 주메뉴: 가마솥추어탕
문의 033-441-2201

삼호가든 주메뉴: 깨죽삼계탕
문의 033-441-8292

삼일식당 주메뉴: 두부찌개
문의 033-441-2932

그린반점 주메뉴: 자장면
문의 033-441-1236

화악산메밀국수 주메뉴: 메밀막국수
문의 033-441-0050

섬뜰마루 주메뉴: 오리로스
문의 033-441-6901

숙박

파인벨리펜션

잣나무와 전나무 숲으로 둘러싸인 펜션이다. 숙소 바로 아래로 광덕계곡이 흐르고 있어 여름철 더위를 피해 물놀이를 생각한 여행이라면 안성맞춤인 곳이다. 가을엔 계곡을 물들이는 단풍을 만끽할 수 있고 가장 멋진 비경은 겨울이다. 눈이 소복하게 쌓이면 눈이 만든 세상이 그 어디에도 비할 수 없이 아름답다. 원룸식 주방 시설과 욕실이 있으며, 전망 좋은 테라스, 바비큐 시설과 파라솔이 마련돼 여유롭게 쉬면서 아름다운 추억을 만들 수 있다.

주소 강원도 화천군 사내면 광덕리 437-1 문의 033-441-1962

Info.

용담계곡
주소 강원도 화천군 사내면 용담리 1-221
문의 033-440-2557

용담계곡 가는 길

승용차	각지역 출발 ➡ 춘천(5번 국도) 경유 ➡ 지촌 삼거리 56번 국도 ➡ 사창리 ➡ 75번 국도 ➡ 용담계곡
ITX-청춘열차 및 전철	용산, 청량리, 옥수에서 출발하는 ITX-청춘열차 및 전철 승차 ➡ 남춘천역 하차 ➡ 춘천 시외버스 터미널로 이동하여 화천 사창리, 광덕산행 버스 승차 ➡ 광덕산 하차
버스	동서울 시외버스 터미널(구의동), 강남 고속 터미널, 상봉 터미널 또는 춘천 시외버스 터미널에서 화천 사창리, 광덕산행 버스 승차 ➡ ①광덕산 하차 ②화천 시외버스 터미널 도착 후 화천 시내버스 터미널로 이동하여 21번 버스(1일 9회) 환승 → 사창리 하차

옛 문인들이 사색하던 곳

옛 문인들이 사색하며 시를 짓고 그림을 그리는 장소로 사랑했던 곳이 용담계곡이다.

곡운구곡 중에 가장 아름답다고 손꼽는 3곡 신녀협에는 김시습의 호 청은을 빌려와 지은 청은대라는 누각이 있다.

김수증은 1982년에 유명한 평양 출신 화가 조세걸을 불러
곡운구곡의 경치를 그리게 했다.

그리고 김수증은 완성된
그림마다 시조를 지어
곡운구곡도를 완성한다.

삼곡이라 빈터에는 신녀 자취 묘연한데
소나무에 걸린 달은 천 년을 흘렀세라
청한자 놀던 뜻을 이제사 알겠으니
흰 돌 위에 나는 여울 그 모양이 아름답다

사곡이라 시냇물 푸른 바위 기대 보니
가까운 숲 그림자 물속에서 어른댄다
날뛰며 뿜는 물 그칠 줄을 모르니
기세 좋은 못 위엔 안개 가득 끼었네

이것이 지금 국립중앙박물관에
보관되어 있는 곡운구곡도(谷雲九曲圖)이다.

PART 5

맛있는 공기에
입맞추고 싶은 산

용화산 | 딴산 | 화악산 | 광덕산

용화산
아름답고 행복한 산행

전해 내려오는 이야기가 가득한 화천의 영산(靈山)

용화산은 화천군민이 가장 아끼고 사랑하는 화천의 대표 명산이다. 1902년 옛 지명 낭천((狼川)에서 화천으로 개칭되면서 용화산의 높고 아름다움을 본받고자 용화산의 중간 글자 화(華)와 물이 많은 고장의 특징을 살려 하천의 천(川)을 합쳐 화천(華川)이 되었다.

용화산은 화천군 간동면, 하남면과 춘천시 사북면 경계에 솟아 있으며 파로호, 춘천호, 의암호, 소양호 등 호수의 중간 지점에 있어서 산에 오르면서 호수의 풍광을 함께 즐길 수 있는 특별한 산행 코스를 자랑한다.

화천 지역에는 예로부터 용에 관해 내려오는 전설이 많은데 그중에서도 용화산은 용과 관계되는 이야기를 가장 많이 간직한 곳이다. 용화산은 용이 산으로 내려왔다 하여 붙여진 이름이며 지네와 뱀이 싸워 이긴 쪽이 용이 되어 하늘로 올라갔다는 전설이 있다.

용에 관한 이야기 외에도 바위마다 전해 오는 이야기를 가지고 있어 산에 오르며 이야기 속 바위를 찾아보는 재미가 쏠쏠하다. 백발의 노인을 꿈에서 보고 큰 산삼을 캤다는 효자 심마니 설화가 전해지는 심바위, 선녀가 내려와 바둑을 두었

다는 가로 세로 2m 크기의 바둑판바위, 어린아이가 앉을 수 있을 만큼 큰 장수발자국바위, 행상 뚜껑처럼 생긴 행상바위, 돌을 던져서 바위 위에 돌이 올라앉으면 아들을 낳는다는 아들바위, 바위가 자리를 깐 듯이 생긴 너럭바위, 삿갓처럼 생긴 삿갓바위, 칼이 서 있는 것처럼 생긴 칼선바위, 논바위, 말등바위, 곰바위, 집바위, 독바위, 주전자 부리바위, 마귀할멈이 오줌 싼 자리 등 수도 없이 많은 이야기가 있다.

그중 가장 유명한 것은 주전자 주둥이같이 생긴 바위이다. 비가 내리는 날 이 바위를 보면 주전자에서 물을 따르는 것처럼 보인다고 한다. 그래서인지 예로부터 화천 사람들은 가뭄이 들면 이 주전자 바위의 주둥이에 와서 '개적심' 기우제를 지내왔다. 개를 잡아서 그 피를 바위의 주둥이에 바르고 비를 내려 달라는 제사를 지냈다. 천한 짐승의 더러운 피를 묻히면 피를 씻어내려고 하늘에서 비를 내린다고 믿는 민간 신앙 때문이었다.

울울창창한 푸른 숲이 살아 숨쉬는 용화산 등산 코스

용화산은 화천의 간동면 유촌리, 하남면 삼화리 거례리에 걸쳐 있는 산으로 이 산의 준령은 멀리 춘천시 사북면 고탄리까지 흘러 내려가고 북으로는 파로호, 서쪽으로는 춘천호, 남쪽으로는 소양호의 중심에 자리하고 있다.

 산 정상에 올라 좌우를 내려다보면 화천읍내의 모습과 춘천시의 모습이 한눈에 들어온다. 용화산 산행은 그리 힘들지 않으나 바위가 많은 점을 고려해서 등산화를 꼭 준비해야 한다. 등반 코스 중 조망이 가장 뛰어난 곳은 만장봉과 정상 사이의 바위 능선이다. 아직도 처녀림을 그대로 보존한 채 용화산 정상을 떠받치고 있는 만장봉은 암반 사이에 어렵게 뿌리를 내리고 있는 노송 군락이 마치 신선의 세계에 들어온 듯한 착각에 빠지게 한다.

 정상에서 잠시 휴식을 취한 뒤 동릉으로 내려가기 전에 북쪽을 살피면 푸른 물의 파로호를 볼 수 있다. 화천군에서는 매년 이곳 용화산에서 산신제를 지낸다. 여름이 지나가는 시기에는 산삼을 찾아 전국에서 심마니들이 몰리고 계절별로 금낭화, 매발톱, 쑥부쟁이 등 각종 야생화가 만발하다.

 용화산의 구름, 성불사의 저녁 종소리, 병풍산의 저녁노을, 운소의 고기잡이 불빛, 죽엽의 맑은 바람, 부용산의 설월, 뛰개의 골짜기 원천에서 초롱이 부르는 노랫소리, 도포의 소맷자락을 펼치고 춤추는 모습과 같은 형상을 한 용화산의 바위 이렇게 8가지를 선조들은 간동8경이라 하여 아끼며 사랑했다고 전해 온다.

이곳만은 둘러보자!
볼거리

파로호
화천 9경 중 그 첫 번째로 손꼽는 비경을 자랑한다. 1944년 화천댐 건설로 생긴 인공호수로 산속의 바다라고도 불린다. 한국전쟁 당시에 화천댐을 차지하기 위해 격렬한 전투가 벌어졌고, 국군이 중공군의 대공세를 무찌른 것을 기념하기 위해 호수 이름을 파로호라고 붙였다. 그밖에 캠프장과 서바이벌 장으로 각광받고 있는 베트남 참전용사 만남의 장, 한옥학교, 블루베리 농장 채향원, 남자들만 일 년에 두 번 제사를 지내는 유촌리 산천제를 지내는 제당계곡이 있다.

주소 강원도 화천군 간동면 구만리 문의 033-440-2557

맛 따라 여행 따라
맛집&숙박

농사 지은 콩으로 직접 만든 두부로 요리 하는 곳이에요.

두부가 있는 마을

직접 농사 지은 콩으로 두부를 만들어 여러 가지 요리를 만들어 파는 두부 요리 전문점이다. 두부가 담백하고 맛있어 소문난 향토 음식점으로, 직접 만든 두부와 각종 야채, 당면을 넣고 끓인 두부전골, 순두부, 두부구이 등 다양한 두부 요리를 맛볼 수 있다.

주소 강원도 화천군 하남면 거례리 **문의** 033-441-3568
시간 09:00~21:00 | 연중무휴

파프리카펜션

광덕산의 수려한 풍광과 어우러져 한층 멋스러움을 자아내는 곳이다. 다섯 채의 하얀 목조 건물이 나란히 서 있는데, 각각 주인도 내부 분위기도 다르지만 대표 전화는 하나라 원하는 곳에서 묵을 수 있다. 주인이 도예공방과 목공예방을 운영해 공예 체험이 가능하다. 야외 테이블, 바비큐 그릴, 미니골프장, 세미나실, 카페 등의 시설도 이용할 수 있다. 예약하면 사창리 버스 터미널로 마중 나와 펜션까지 안내해 준다. 물론 무료이다.

주소 강원도 화천군 사내면 광덕리 792
문의 033-441-7395
홈페이지 http://www.ppaprika.com

Info

용화산

서울에서 경춘국도를 지나 의암호 서편에서 403번 지방도 화천 방면 ~407번 지방도~고탄리를 지나면 고성리 입구에 용화산 등산로를 알리는 표지판이 있다. 여기로 들어가면 고성리 양통으로 춘천 쪽 등산로 기점이 된다. 407번 지방도를 따라 계속 가다가 삼화리 입구 찜질방 입간판에서 우회전해 올라가면 길 끝이 큰고개 정상이다.

주소 강원도 화천군 하남면 용암리 용화산
문의 033-440-2422

용화산 가는 길

승용차	🚗 (서울 등 수도권) 경춘 국도 경유 ➡ 청평~강촌~등선폭포 지나 오른쪽 지하도 통과 ➡ 70번 지방도를 따라 춘천댐에서 우회전 ➡ 춘천~화천 407번 지방도 ➡ 삼화리에서 우회전 ➡ 큰고개 정상
ITX-청춘열차 및 전철	🚂 용산, 청량리, 옥수에서 ITX-청춘열차 및 전철 승차 ➡ 남춘천역 하차 ➡ 춘천 시외버스 터미널로 이동하여 화천행 버스 승차 ➡ 화천 하차 ➡ 화천 시내버스 터미널로 이동하여 ① 5번 버스 (1일 9회) 승차 ➡ 파로호 생태마을 정거장 하차 ② 12번 버스 (1일 4회) 승차 ➡ 삼화리(용화산 입구) 하차
버스	🚌 동서울 시외버스 터미널(구의동), 강남 고속 터미널, 상봉터미널, 춘천 시외버스 터미널 승차 ➡ 화천 시외버스 터미널 하차 ➡ 화천 시내버스 터미널로 이동하여 ① 5번 버스 (1일 9회) 승차 ➡ 파로호 생태마을 정거장 하차 ② 12번 버스 (1일 4회) 승차 ➡ 삼화리(용화산 입구) 하차

용의 전설이 내려오는 산

용화산은 용이 산으로 내려왔다는 전설과
지네와 뱀이 싸워 이긴 쪽이 용이 되어
하늘로 올라갔다는 전설이 있는 곳이죠!

또 용화산엔 주전자 주둥이 모양을 닮아서
주전자 바위라고 불리는 바위가 있는데
비가 올 때 보면 꼭 주전자로 물을 따르는 것 같다고 해요!

산행은 어렵지 않지만
바위가 많기 때문에 자칫 잘못하면
발목을 다칠 수도 있으니
등산화를 꼭꼭 신도록 해요!

산행에는 2~4시간 걸려요!
등반은 시각, 후각, 청각을 모두 충족시키는
산행 코스랍니다.

딴산
오붓한 가족 캠핑장

홀로 떨어져 있다 하여 '딴산'

화천에는 산이라고 하기에는 조금 작고 귀여운 산이 있다. 홀로 떨어져 있다 하여 붙은 이름 딴산이다. 북한강과 계곡이 만나는 곳에 자리하고, 산이지만 섬처럼 물가에 두둥실 떠 있는 작은 동산이라고 하는 편이 맞을 것이다.

딴산에는 재미있는 일화가 두 가지 있다. 많이 알려진 이야기는 딴산이 금강산 만 이천 봉 중 하나가 되기 위해 금강산으로 이동하던 중 만 이천 봉이 다 채워졌다는 소식을 듣고 지금의 자리에 눌러앉았다는 전설이다. 또 하나는 딴산이 떠내려왔다는 부래산(浮來山) 전설이다. 원래 금강산에 있던 딴산은 장마에 떠내려와 이곳 어룡동까지 떠내려왔다. 그래서 금강산에 사는 스님이 해마다 딴산을 구경하는 값을 어룡동에 와서 받아 갔다고 한다. 해마다 산세를 내야 하는 부담으로 걱정하던 아버지를 위해 어린 아들이 지혜를 발휘했는데 딴산의 구경 값을 받으러 온 스님에게 "그동안 구경 값으로 세를 충분히 냈고 볼만큼 다 구경을 했으니 다시 가져가세요. 그렇지 않으면 보관료를 받겠습니다."라고 해서 스님은 어쩔 수 없이 그냥 돌아갔다는 이야기이다.

딴산은 금강산을 가려다 멈추었는지 금강산에서 떠내려왔는지 확실한 답은 찾을 수 없지만 금강산에서나 볼 수 있을 법한 아름다운 산인 것은 확실하다.

여름엔 가족 캠핑장으로 겨울엔 빙벽 등반과 얼음낚시

딴산에 여름이 찾아오면 80m 높이의 절벽에서 떨어지는 인공폭포가 장관을 이뤄 보는 이로 하여금 더위를 잊게 해 주고 그늘과 강물의 시원함 덕분에 모래사장 위에는 알록달록 텐트가 수를 놓는다. 풍산리에서 흘러나오는 계곡수와 화천댐에서 방류하는 물이 서로 만나는 지점에 있어서 한나절이면 저녁을 해결할 수 있는 물고기를 잡을 수 있다. 다슬기도 많이 잡히니 아이들과 함께 잡은 다슬기로 된장국을 끓여 먹을 수도 있다.

화천군은 가족 단위 캠핑족들이 늘고 있는 추세에 발맞춰 딴산유원지 캠핑장을 만들고 캠핑을 즐기기에 불편함이 없도록 매점, 급수대, 샤워장, 화장실 등 필요한 부대시설을 고루 갖춰 놓았다. 딴산 캠핑장은 산에서 불어오는 시원한 바람과 물이 맑고 수심이 낮아 어린아이 동반 가족이 놀기에 좋아 최근 인기를 모으고 있다. 딴산은 여름철만 즐거운 곳이 아니다. 일 년 내내 사람들의 발길이 머무는 곳으로 여름에는 캠핑을 즐기고 겨울이 오면 빙벽 등반과 얼음낚시를 하기 위해 사람들이 몰린다. 거대한 빙벽을 오르는 사람들을 보고 있노라면 그 아찔함에 빙벽을 타지 않더라도 추위를 잊기에 충분하다. 겨울에는 폭포가 얼어붙은 장관을 사진 찍기 위해 찾아오는 이들이 많다.

꽁꽁 언 딴산폭포

옛날이야기가 재미있는 캠핑의 밤

아이들과 딴산에서 즐거운 캠핑 중이라면 모닥불 앞에서 오래전 화천의 할머니들이 손주에게 들려 주었던 딴산으로 오는 길에 얽힌 옛날이야기를 들려주는 것도 낭만 여행이 된다. 풍산리에서 딴산으로 넘어가는 처녀고개에 대한 옛날이야기가 있다.

 옛날에 한 처녀가 사랑하는 낭군을 찾아 먼 나라 중국에서 험한 길 만 리를 걸어 풍산리까지 왔다. 이곳에서 낭군이 있다는 화천 가는 길을 물었는데 구만리를 가야 한다는 대답을 들었다. 처녀는 구만리가 지명인 것을 미처 몰라서 구만 리를 더 가야 한다는 말로 오해했고, 그만 힘이 다 빠지고 지쳐 고갯길에서 목숨을 끊었다는 안타까운 전설이다. 동음이의어를 아이들에게 가르쳐 주는 옛날이야기이다. 참고로 구만리는 북한강 구석에 있다고 해서 부르던 사투리 구마니가 구만리가 되었다는 설과 화천과 양구 사이에 많은 골짜기가 굽이굽이 있다 하여 아홉 구 九 자와 일만 만 萬 자를 따서 구만리라고 불렀다는 두 가지 어원이 전해진다.

이곳만은 둘러보자!
볼거리

 토속 어류 생태 체험관

화천군의 수려한 자연환경을 토대로 북한강과 파로호의 다양한 토속 어류를 전시하고 소개하는 곳이다. 우리나라 토속 어류 자원의 중요성과 보전의 필요성을 일깨워 주는 민물고기 탐구 학습장이다. 관람, 체험, 연구, 복원의 기능을 모두 수행할 수 있는 강원 북부에 유일한 토속 어류 전시관으로, 어린이들에겐 내수면 생태계의 소중함과 어른들에게는 예전의 향수를 기억하게 하는 생태 학습 전시 공간으로 화천군이 지향하는 에코 파라다이스(Eco-Paradise)의 중추적 역할을 맡고 있다.

주소 강원도 화천군 간동면 구만리 1314-8 **문의** 033-442-7464

맛있는 공기에 입맛추고 싶은 산

맛 따라 여행 따라
맛집&숙박

산장횟집

파로호의 멋진 풍광과 함께 식사를 할 수 있는 파로호 선착장 초입에 위치한 횟집이다. 북한강 파로호 어부가 잡은 신선한 자연산 회 쏘가리와 장어 등을 판매하며 밑반찬으로 산에서 직접 채취한 취나물, 다래 순, 강원도 찰옥수수 등이 함께 나온다. 산천어, 송어, 향어 등은 모두 화천에서 양식한 것을 사용한다. 횟집 운영 외에 산창모터스포츠 센터도 운영하고 있다.

주소 강원도 화천군 간동면 구만리
문의 033-442-5611
시간 10:00 ~ 21:00 | 연중무휴

알프스펜션

객실에서 물가에 홀로 섬처럼 두둥실 떠 있는 딴산의 풍경을 감상할 수 있다. 10평 14칸, 20평형 3칸을 갖추고 있다.

주소 강원도 화천군 간동면 구만리 1315-1
문의 011-793-3087
홈페이지 http://알프스펜션.com

Info.

딴산
작은 산이기에 따로 등산이라고 할 수는 없다.
딴산 주변을 즐기도록 하자.

주소 강원도 화천군 간동면 대이리 산 1-1
문의 033-440-2547

딴산 가는 길

승용차	🚗 각 지역 출발 ➡ 춘천(5번 국도, 407번 지방도) 경유 ➡ 화천 대이리 방향 ➡ 딴산 도착(460번 지방도)
ITX-청춘열차 및 전철	🚆 용산, 청량리, 옥수에서 출발하는 ITX-청춘열차 및 전철 승차 ➡ 남춘천역 하차 ➡ 춘천 시외버스 터미널로 이동하여 화천행 버스 승차 ➡ 화천 하차 ➡ 화천 시내버스 터미널로 이동하여 13번(1일 5회), 2번(1일 16회), 1번(1일 3회) 버스 승차 ➡ 딴산 앞 하차
버스	🚐 동서울 시외버스 터미널(구의동), 강남 고속 터미널, 상봉 터미널 또는 춘천 시외버스 터미널 승차 ➡ 화천 시외버스 터미널 하차 ➡ 화천 시내버스 터미널로 이동하여 13번(1일 5회), 2번(1일 16회), 1번(1일 3회) 버스 승차 ➡ 딴산 앞 하차

맛있는 공기에 입맞추고 싶은 산

혼자따로 있는 산

화천에 있는 수많은 산 중에서 작고 귀여운 산을 소개합니다!
바로 딴산! 혼자 따로 있다고 해서 붙여진 이름이죠.

딴산이 이렇게 혼자 남게 된 이유 중에는
금강산 만 이천 봉이 되기 위해 이동하던 중
자리가 다 찼다는 이야기를 듣고
화천에 눌러앉았다는 얘기가 있어요.

그래?

자리다 찼어~

화악산
수려한 산세

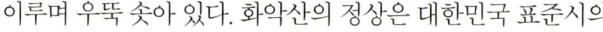

구름이 가까워 옷이 젖는 높은 산

고려 말 조선시대 초기의 학자 이지직은 '높은 산이 많아 구름에 가까우니 옷이 젖는다'고 화천의 풍경을 시로 남기고 있다. 높은 산들이 많아 구름에 옷이 닿을 정도라는 표현을 할 만큼 화천군에는 높이를 자랑하는 산이 많다.

그중에서도 화악산은 화천의 산 중에서도 가장 높은 산으로 강원도와 경기 동북부의 경계를 이루며 우뚝 솟아 있다. 화악산의 정상은 대한민국 표준시의 기준으로 삼고 있는 국토 자오선과 북위 38도선이 만나는 지점에 있다. 이러한 지정학적 위치는 한국전쟁의 격전지가 되었고 지금도 정상 일대와 북쪽은 군사 지역으로 출입이 금지되어 있어 전쟁이 아직 끝나지 않았음을 실감하게 해준다.

정상에서 서남쪽 1km거리에 있는 제2봉인 중봉(1,468m)이 화악산 정상을 대신하고 있다. 화악산 정상까지 오를 수 없다는 점이 산악인들을 아쉽게 하고 있지만 60여 년간 사람들이 갈 수 없어 원시림으로 잘 보존되고 있는 풍경이 기대되는 곳이기도 하다. 화악산은 높은 만큼 오르는 길도 다양하다.

산행은 어느 길을 선택하느냐에 따라 다르지만 본격적인 산행을 하려고 마음먹으면 보통 왕복 5~7시간 정도 걸린다. 겨울 산행이라면 이보다 시간이 더 걸

계절마다 아름다운 화악산

린다. 화악산 산행은 어느 쪽으로 오르든 산이 높고 험해 철저한 준비가 필요하다.

겨울철에는 일찍 하산을 서둘러야 한다. 중봉까지 오르려면 산행 시간이 길어 아이들이나 등산 초보자에게는 다소 무리일 수 있다. 또한 화악산은 능선에 올라서면 샘이 없으므로 마실 물을 충분히 준비해야 한다. 아침 일찍 출발하고 어둡기 전에 하산하되 헤드 랜턴을 준비해 만일의 경우에 대비한다.

한반도의 중앙에 솟아서 꽃처럼 빛나는(華) 산이라는 뜻의 화악산은 사람의 접근이 쉽지 않아 위엄 있는 자태를 품고 있다. 세종실록지리지에는 화천, 가평 고을에서는 영산(靈山)으로 여겨 산제를 올리는 명산이라 했으며 지금도 많은 산악인들이 산신제를 지내고 있다.

눈 덮인 화악산 촛대바위

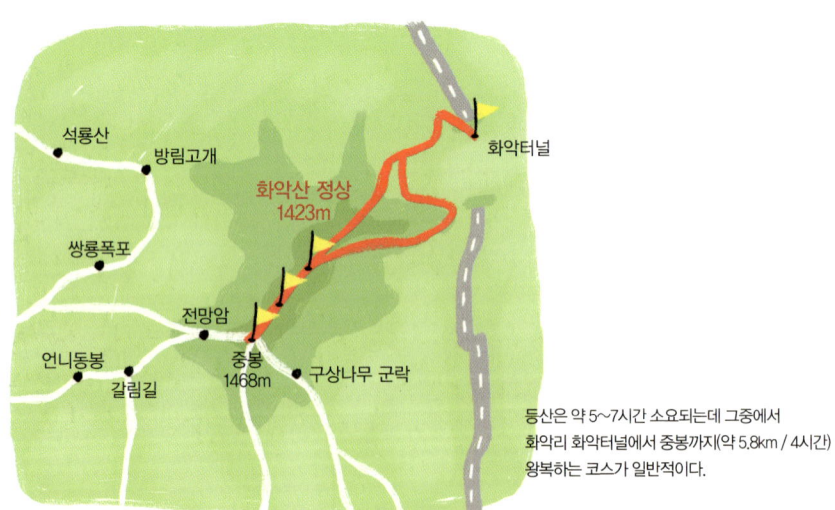

등산은 약 5~7시간 소요되는데 그중에서 화악리 화악터널에서 중봉까지(약 5.8km / 4시간) 왕복하는 코스가 일반적이다.

이곳만은 둘러보자!
볼거리

화악산은 높은 능선을 따라 여러 계곡이 뻗어 있는데 그중에서 삼일계곡을 따라 여행을 해보자.

반수암지 법장사
곡운 김수증이 화음동에 들어와 살던 시절, 승려 홍눌에게 권해 지은 절이다. 법장사가 위치하는 지점은 풍수적으로 혈맥상통 하는 곳이라고 알려져 있으며, 이곳의 감로수 또한 물맛 좋기로 유명하다.

주소 강원도 화천군 사내면 삼일리 189 문의 033-441-6260 시간 09:00 ~ 17:00

삼일계곡
삼일계곡은 계곡의 초입부터 울창한 수림이 가득해서 원시림을 연상시킨다. 깊은 산 속에서 흘러 내려오는 맑은 계곡을 따라 갖가지 암석들이 즐비하고 넓고 평평한 바위가 많아 여행객들이 너럭바위에 앉아 쉬어 가기 좋다.

주소 강원도 화천군 사내면 삼일리196 문의 033-440-2557

화음동 정사지
강원도 기념물 제63호로 조선조 조형 예술과 성리학, 정사에 나타난 구조 및 사상적 계보 파악 등에 귀중한 자료가 되고 있다. 모든 사람이 유교의 인을 실천하면 국가는 부강하고, 백성은 행복해진다는 유교 문화의 성지이다.

주소 강원도 화천군 사내면 삼일리 정사터 문의 033-440-2225

곡운구곡
조선 시대 성리학자 김수증은 관직을 버리고 화천에 내려와 은둔 생활을 했는데, 그때 용담계곡의 절경 9곳을 찾아내 '곡운구곡'이라 이름 붙였다.

주소 강원도 화천군 사내면 용담리 문의 033-440-2557

맛 따라 여행 따라
맛집&숙박

동우네식당

토마토 조각공원에는 목도소리 장인 신금철 씨가 운영하는 동우네식당이 있다. 이곳에서 가정식 아침밥을 먹으며 궁중에서 쓸 나무가 많았던 화천의 특수한 상황에서 불렸던 목도소리에 대한 궁금증을 풀어 볼 수 있다.

주소 강원도 화천군 사내면 사창리 419-2 문의 033-441-4827

강원 양어장횟집

계곡의 시원하고 청정한 물은 고소하고 쫄깃한 송어회 맛을 선물로 준다. 이곳에서는 삼일계곡 물에서 키운 송어를 횟감으로 사용한다.

주소 강원도 화천군 사내면 삼일리 607 문의 033-441-1034

여울목펜션

삼일계곡 끝에 법정사 맞은편에 위치한 펜션으로 나무로 지어진 각 발코니에는 야외 테이블이 놓여 있어 독립된 공간에서 야외 바비큐를 즐길 수 있다. 방에는 조리 시설, 욕실 등이 갖춰져 있고, 넓은 정원에는 작은 연못도 있어 자연의 싱그러움을 마음껏 체험할 수 있다.

주소 강원도 화천군 사내면 삼일리 585 문의 033-441-0685

빨간지붕민박	화악산펜션	도랑가펜션
문의 010-5274-4475	문의 033-441-4627	문의 033-441-8854
길가네민박	삼일민박	향기나라 사랑이 펜션
문의 010-9397-4302	문의 033-441-4411	문의 010-3834-3676
박씨민박	기역니은펜션	
문의 033-441-2947	문의 010-4907-1236	

화악산

주소 강원도 화천군 사내면 삼일리 196-4
문의 033-440-2422

화악산 가는 길

승용차	각 지역 출발 ➡ 춘천(5번 국도) 경유 ➡ 지촌 삼거리(56번국도) ➡ 사창리(391번 지방도) ➡ 삼일리 ➡ 법장사 산길 1km
ITX-청춘열차 및 전철	용산, 청량리, 옥수에서 출발하는 ITX-청춘열차 및 전철 승차 ➡ 남춘천역 하차 ➡ 춘천 시외버스 터미널로 이동하여 화천행 버스 승차 ➡ 화천 하차 ➡ 화천 시내버스 터미널로 이동하여 21번 버스(1일 9회) 승차 ➡ 사창리 도착 ➡ 마을버스 환승 ➡ 삼일리 하차(마을버스는 사창리 출발~삼일리까지 운행, 1일 4회)
버스	동서울 시외버스 터미널(구의동), 강남 고속 터미널, 상봉 터미널 또는 춘천 시외버스 터미널 승차 ➡ 화천 시외버스 터미널 도착 ➡ 화천 시내버스 터미널로 이동하여 21번 버스(1일 9회) 승차 ➡ 사창리 도착 후 마을버스로 환승 ➡ 삼일리 하차(마을버스는 사창리 출발~삼일리까지 운행, 1일 4회)

한반도의 중앙에 있는 산

화악산의 정상은 대한민국 표준시의 기준으로 삼고 있는
국토자오선과 북위 38도선이 만나는 지점에 있답니다.

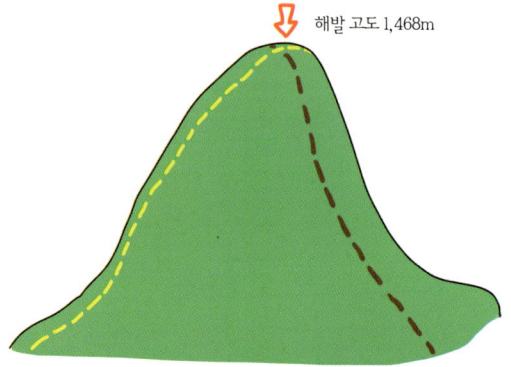

해발 고도 1,468m

한반도의 중앙에 우뚝 솟아서 꽃처럼 빛나는 산이라는
뜻에서 화악산이라 부릅니다.

산행은 어느 코스로 가든 상당히 힘든 편이기 때문에
철저한 준비가 필요하답니다.

능선에 들어서면 샘이 없으므로 물을 챙겨야 하고,
만일의 사태를 대비해서 손전등도 준비해 가는 것이 좋아요!

겨울에는 특히 해가 빨리 지니까 하산을 서둘러 주세요.

광덕산
북한강과 한탄강의 발원지

있는 그대로 산처럼 살길 원하는 사람들이 찾는 곳

광덕산은 강원도 화천군과 철원군, 경기도 포천군의 경계를 이루는 산으로 웅장하고 덕기(德氣)가 있다 하여 지어진 이름이다. 광덕산의 위치는 금강산·무등산·가칠봉·백암산·적근산·대성산·복주산·화악산·명지산 등의 큰 봉우리로 이어지는 내륙 중심의 대들보로서 중부 지방의 가장 깊숙한 곳에 자리하고 있다.

산의 높이는 1,046m이며 태백산맥에서 갈라진 광주산맥에 속하는 산이다. 복주산·석룡산·가리산 등과 함께 광주산맥의 일부를 구성하고 있다.

광덕리에서 발원한 사내천은 사창리를 지나 심한 곡류를 이루면서 동쪽으로 흘러 지촌리에서 북한강으로 흘러든다. 광덕산 골짜기가 만든 광덕계곡은 광덕산에서 화악산으로 이어지는 계곡으로 북한강으로 흐르는 사내천 상류에 있다. 계곡물을 따라 암반과 절벽, 작은 폭포와 소 등이 있다.

광덕산은 능선이 주로 암벽으로 이어져 있어 산악인들에게 스릴이 넘치는 산으로도 유명하다. 암벽은 주로 규암석으로 이루어져 있고 사계절 중에서도 특히 가을에는 단풍이, 겨울에는 설경이 아름답기로 유명하다. 또한 광덕산 능선에 펼쳐지는 억새밭 풍경은 장관이라 사진 마니아들이 카메라에 아름다움을 담기 위해 찾아오는 곳이기도 하다. 상해봉은 조선 왕조 실록에 세조가 이곳에서 사냥을 한 역사적인 사실이 기록으로 남아 있다.

광덕산 추천 산행 코스

광덕산의 전체 산행 코스는 약 17km이다. 수피령에서 출발해 촛대봉과 복주산을 거쳐 정상을 밟은 뒤 하오현과 하오터널을 지나 광덕계곡으로 내려오면 된다. 총 7~9시간 소요된다. 좀 더 부담 없는 산행을 원한다면 해발 620m 지대에 위치하는 광덕동에서 출발하면 된다. 2시간 정도면 정상에 오를 수 있다. 수피령에서 출발하면 주변의 명산들을 좀 더 입체적으로 감상할 수 있다. 광덕산 정상은 광장처럼 넓고 사방이 탁 트여 있어 주변 풍경을 조망하기에 좋다. 운이 좋다면 신비롭게 펼쳐지는 운해도 감상할 수 있다. 하산할 때는 올라온 길을 되돌아 내려가거나 상해봉을 거쳐 내려가면 된다. 상해봉에는 군사 시설 보호 구역이 있으므로 주민등록증을 반드시 지참야 출입이 가능하다.

   주말이면 광덕산을 찾는 사람들이 줄을 잇는다. 사람들은 왜 산에 가는 걸까? 산에 가는 이유는 저마다 다르겠지만 산은 그 자리에서 욕심 없이 늘 그렇게 있기 때문에 자연의 섭리를 배우러 산을 찾는 것은 아닐까. 산처럼 마음을 비우고 그저 있는 그대로 산처럼 살길 원하는 사람들이 오늘도 광덕산을 향해 발을 내딛는다.

캐러멜고개

광덕고개는 화천군 사내면과 경기도 포천군 이동면의 경계를 이루는 고개로서 이 고개 너머 쪽이 백운계곡이다. 광덕고개는 캐러멜고개라고도 하는데 고개가 가파르고 급경사의 고갯길이라 차량 운전병들에게 졸지 말라고 캐러멜을 주었다고 해서 캐러멜고개라 부르게 되었다고 한다. 광덕고개는 지금도 길이 험해 운전이 쉽지 않은 곳으로 널리 알려져 있다. 그러나 주변 경치가 빼어나 많은 사람들이 드라이브 코스로 찾아오고 있다. 고개 정상에는 각종 약재와 농산물 등을 판매하는 상점들이 모여 있어 오가는 사람들의 발길을 잡는다.

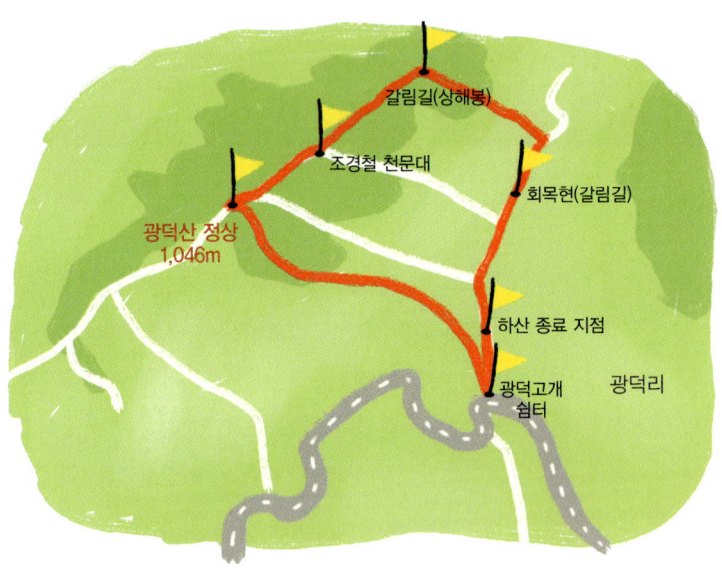

등산은 약 2~7시간 소요되는데 그중에서 광덕고개 쉼터에서
광덕산 정상을 거쳐 상해봉으로 돌아오는(약 2.4km / 2시간 30분) 코스가 일반적이다.

이곳만은 둘러보자!

볼거리

화천 조경철천문대

화천군에는 특별한 천문대가 있다. 화천군은 광덕산 정상에 2004년부터 시작하여 10여 년간의 공사 기간을 마치고 마침내 지하 1층, 지상 3층, 연면적 1904㎡ 규모의 천문대를 2014년 10월 10일에 완공하여 일반인에게 공개했다. 화천군은 천문학자로 평생을 별과 함께 살다 간 천문학자 고(故) 조경철 박사의 업적을 기리기 위해 '조경철천문대'로 이름을 정했다. 조경철 박사가 별자리 관측 최적지로 화천을 추천한 것이 계기가 되어 이곳에 천문대가 세워지게 되었기 때문이다. 고향이 평북 선천이었던 그는 북녘 땅이 바라보이는 이 천문대에서 후학을 양성하고 별을 관측하며 여생을 보내고 싶어 했으나 안타깝게도 2010년 타계했다. 이러한 화천과의 인연으로 천문대 안에는 조경철 박사 기념 전시실이 마련되었다.

천문대 주요 시설로는 천체투영실, 관측소, 영상 강의실 등이 있다. 조경철천문대는 교육과 관람 목적으로 건립된 시민 천문대 중 가장 높은 해발 고도 1,010m에 위치하고 있다. 지리적 위치가 도심 불빛에 의한 광공해로부터 벗어나 있으며 산 정상에 위치하다 보니 막힘없는 탁 트인 주변 시야로 인해 별을 관측하기에는 최고의 조건을 갖춘 것으로 평가받고 있다. 또한 몽골 등 광활한 평원에서나 볼 수 있는 카시오페아 자리를 초저녁부터 새벽까지 계속 볼 수 있다는 점도 특별함을 더해 주고 있다. 이렇게 별을 관측하기에 최적지이면서 서울에서 90km정도 가까운 거리에 위치해 있어 별을 사랑하는 수도권 사람들의 기대를 한 몸에 받고 있는 천문대이다.

주소 강원도 화천군 사내면 사내면 광덕리 273-105번지 | **문의** 033-818-1929
시간 14:00~22:00(21시 이전 입장) | 매주 월요일 휴관 | 겨울철은 출입 제한될 수 있으니 전화 문의

맛 따라 여행 따라
맛집&숙박

등산로 입구에 있는 특산물 장터 들러 보세요.

맛집

광덕산 특산물 장터는 등산로 입구에 있는 광덕고개에 가면 만날 수 있다. 현지인들이 산더덕, 칡즙, 산삼, 장뇌삼, 녹차, 하수오, 천마 등 각종 산약재와 지역 특산물을 판매하고 있다. 광덕산 특산물 장터가 점점 입소문을 타면서 주말이면 많은 관광객으로 북적인다.

번암산가든 주메뉴 : 닭도리탕
문의 033-441-6696

감자바위유원지 주메뉴 : 춘천막국수
문의 033-441-441

풍경 주메뉴 : 도토리묵
문의 033-441-8880

덕골농원 주메뉴 : 산채비빔밥
문의 033-441-5940

부담없는집 주메뉴 : 초계탕
문의 010-4107-4107

유나리휴게소 주메뉴 : 봉산한방오리
문의 033-441-441

옹달샘유원지 주메뉴 : 한방백숙
문의 033-441-6616

호수가든 주메뉴 : 닭볶음탕
문의 017-391-5912

광덕고개쉼터 주메뉴 : 산채비빔밥
문의 033-441-1667

광덕화이트밸리 주메뉴 : 토종닭백숙
문의 033-441-9060

숙박

파인밸리펜션

잣나무와 전나무 숲으로 둘러싸인 펜션으로 숙소 바로 아래로 광덕계곡이 흐르고 있어, 특히 여름철 더위를 피해 물놀이를 하는 여행이라면 안성맞춤이다. 원룸식 주방 시설과 욕실이 있으며, 전망 좋은 테라스, 바비큐 시설과 파라솔이 마련돼 있어 여유롭게 쉬면서 아름다운 추억을 만들 수 있다. 조식 제공도 가능하다.

주소 강원도 화천군 사내면 광덕리 437-1 문의 033-441-1962

천문대펜션

광덕산 정상에 위치한 펜션으로 앞으로 천문대가 들어올 예정지 근처라 펜션 이름을 천문대펜션으로 지었다고 한다. 몸에 좋은 공기는 기본이고 황토로 집을 지어 건강을 생각하는 사람이라면 이보다 더 좋은 숙소는 찾기 힘들다. 광덕산 정기를 제대로 받고 싶다면 추천하고 싶은 곳이다.

주소 강원도 화천군 사내면 광덕리 1127 문의 033-441-7342 홈페이지 www.apollopension.com

광덕산

주소 강원도 화천군 사내면 광덕리 산273-107
문의 033-440-2422

광덕산 가는 길

승용차 🚗 각 지역 ➡ 춘천(5번 국도) ➡ 지촌 삼거리(56번 국도) ➡ 사창리 ➡ 75번 국도 ➡ 372번 지방 국도 ➡ 광덕산 도착

ITX-청춘열차 및 전철 🚂 용산, 청량리, 옥수에서 출발하는 ITX-청춘열차 및 전철 승차 ➡ 남춘천역 하차 ➡ 춘천 시외버스 터미널로 이동하여 화천행 버스 승차 ➡ 화천 하차 ➡ 화천 시내버스 터미널로 이동하여 21번 버스(1일 9회) 승차 ➡ 사창리 하차 ➡ 사창리~검단리행 (1일 3회) 마을버스 환승 ➡ 맹대교 하차

버스 🚌 동서울 시외버스 터미널(구의동), 강남 고속 터미널, 상봉 터미널 또는 춘천 시외버스 터미널 승차 ➡ 화천 시외버스 터미널 도착 ➡ 화천 시내버스 터미널로 이동하여 21번 버스(1일 9회) 승차 ➡ 사창리 하차 ➡ 사창리~검단리행(1일 3회) 마을버스 환승 ➡ 맹대교 하차

산악인들에게 인기 있는 산

광덕산은
능선이 주로 암벽으로 이어져 있어
스릴을 즐기는 산악인들 사이에 유명해요.

단풍이 아름답게 물들면
많은 사람이 찾아오죠.

능선에 펼쳐지는
억새밭 풍경은 장관이라
포토 마니아들의 명소랍니다.

상해봉으로 내려올 때는
군사시설 보호 구역을 지나야 하기 때문에
주민등록증을 꼭꼭 챙기셔야 합니다!

PART 6

두 발로 디뎌 보는
평화의 길

평화의 댐과 세계 평화의 종 공원 | 칠성전망대 | 베트남 참전용사 만남의 장 |
파로호 안보전시관, 군부대 역사관

평화의 댐과 세계 평화의 종 공원
희망을 말하는 곳

마음의 평화가 필요하다면 추천하고 싶은 곳

힐링이 필요한데 어디를 가면 좋겠느냐고 물어보는 이가 있다면 물빛누리호를 타고 평화의 댐으로 가는 푸른 물길을 추천하고 싶다. 파란 옷을 입은 산으로 둘러싸인 고요한 파로호 풍경 속을 1시간 남짓 가다 보면 마음이 편안해지는 것을 느낀다. 어느 날은 비가 오고 어느 날은 안개 가득하며 어느 날은 노을이 지는 풍경을

마음에 담을 수 있는 아름다운 여정이다. 파로호 선착장을 출발해 간동면 방천리 (수달연구센터)~동촌리 지둔지~법성치~비수구미~세계평화의 종 공원까지 물길 24km를 달려 내리는 종착지는 평화의 댐이다.

평화의 댐 이야기는 1986년부터 시작된다. 북한이 200억 톤 가량의 물을 담을 수 있는 금강산댐을 짓고 있으며 만약 이 댐이 붕괴되면 강원도, 경기도는 물론 서울에 이르기까지 상상을 초월하는 재해를 가져올 것이라고 언론 매체에서 보도했다. 요즘 젊은 사람들은 잘 모르겠지만 이 댐을 짓기 위해 대한민국 국민 모두가 성금을 냈고, 1989년 북한강 물길이 지나는 수어구(水於口)에 평화의 댐을 지었다. 그 후 2002년에 추가로 45m를 더 올려 높이 125m, 길이 601m, 최대 저수량 26억 3천만 톤의 댐으로 증축하게 된다. 이로서 금강산댐이 붕괴해도 최대 저수

량 26억 톤을 막아내기에 충분하게 되었다. 물 전쟁은 예방할 수 있게 되었지만 안타깝게도 금강산에서 발원한 북한강은 남과 북이 서로 댐을 세우면서 이제 더 이상은 흐르지 않는 강이 되었다.

물이 멈춰 선 곳, 흐르지 않는 강에 수달이 DMZ를 자유롭게 넘나들며 자유롭게 살고 있다. 최근에는 평화의 댐 부근에서 궁노루, 멧돼지, 고라니의 서식이 확인되기도 했다.

다가올 미래를 희망으로 가꾸는 세계 평화의 종 공원

물빛누리호에서 내리면 커다란 평화의 댐이 보이고 조금만 올라가면 '세계 평화의 종 공원'이 있다. 이곳에 만들어진 평화의 종은 제작 과정부터 평범하지 않다. 실제로 전쟁에 사용되었던 탄피와 포탄, 무기류의 쇠붙이를 전 세계 30여 개국 분쟁 지역에서 모아 만든 종이다. 또한 종 위에 달려 있는 비둘기의 날개(1관)를 떼어내 공원에서 따로 보관하고 있다. 통일이 이루어지는 그날 이 날개를 붙이고 힘차게 기쁨의 종을 타종하기 위해서이다. 지나간 전쟁을 기억하고 현재 평화를 간절히 염원하며 다가올 미래를 희망으로 가꾸는 곳이 바로 '세계 평화의 종 공원'이다. 타종을 하려면 체험료 500원을 내고 해설사의 지시에 따르면 된다. 체험료는 일정 기간 모아 한국전쟁에 참전했던 에티오피아에 장학금으로 보내진다.

평화의 종은 세 번 울린다. 평화의 종을 3번 치는 이유는 '전쟁으로부터의 평화, 종교로부터의 평화, 인종으로부터의 평화'를 상징하며 지구상에 존재하는 수많은 갈등을 없애고 평화를 이루자는 큰 뜻을 담고 있다. 타종 소리는 그 자체로도 맑지만 종을 친 후에는 반드시 종에 손과 귀를 대고 맥놀이를 경험해 보자. 분명히 쇠로 만든 종인데 마치 살아 있는 사람처럼 맥박이 느껴지는 신기한 경험을 하게 된다.

해마다 새해가 되는 날 서울에서는 보신각 종이 울리고 경주에서는 에밀레종이 울리는 같은 시각에 화천에서는 '세계 평화의 종'에 사람들이 모여 타종식을 한다. 화천 군수가 참여하는 새해맞이 타종 의식은 화천군민과 방문객들의 무사안녕을 기원하는 의미의 타종식이라고 한다.

'세계 평화의 종 공원'에는 1만관(37.5톤)의 어마어마한 무게를 자랑하는 세계 평화의 종 이외에도 다른 곳에서는 찾아볼 수 없는 '침묵의 종'이 있다. 남북 분단의 안타까운 마음을 침묵으로 표현한 것이다. 침묵의 나무 종이 있는 가파른 언덕에 올라 아래를 내려다보면서 발아래로 북한강 줄기 최상류 DMZ에 가로막혀 더 이상 갈 수 없는 곳 '평화의 댐'과 마주한다.

종 공원에는 염원의 종 외에도 '마음의 종' 등 세계 각국에서 보낸 다양한 종을 구경할 수 있다. 또한 '세계 평화의 종 공원'에는 역대 노벨 수상자들의 핸드 프린팅이 전시되어 있어 노벨 수상자들이 누구였는지 공부도 되고 노벨 수상자들과 직접 악수를 나누는 영광의 순간을 사진에 담을 수 있다.

이곳만은 둘러보자!
볼거리

 평화의댐 물문화관

평화의 댐 주변의 광활하고 푸른 자연은 평화를 테마로 한 관광지로 자리 잡았다. 화천에 오면 꼭 봐야 할 9경 중 네 번째 비경으로 손꼽는 평화의 댐을 비롯하여 세계 평화의 종 공원과 물문화관이 있다. 평화의 댐은 북한의 임남댐 건설에 대응해 국민 성금을 모아 완공되었다. 북한의 수공에 대비하여 만들어졌기 때문에 전력 발전용이 아닌 담수 기능과 홍수 조절 기능을 한다. 평화의 댐 주변에는 1만관(37.5톤)의 무게를 자랑하는 평화의 종이 있어 타종 체험을 할 수 있다. 또한 물문화관에서는 북한의 금강산 발전소 계획에서부터 임남댐 건설, 평화의 댐 건설에 이르기까지 평화의 댐 역사에 대한 영상물을 볼 수 있으며 DMZ에서 사는 동식물 전시관도 둘러볼 수 있다.

주소 강원도 화천군 화천읍 동촌리 2922-2 **문의** 033-480-1570 **시간** 09:00~17:00 | 휴일: 매주 월, 명절

맛 따라 여행 따라
식도락

도시락에 산천어 튀김 맛보세요.

맛집

물빛누리 카페테리아
평화의 댐 구역의 휴게소 역할을 한다. 작은 연못이 있고 야외 테이블도 준비되어 있는데 이곳 음식의 특색은 산천어가 들어간다는 것이다. 단품요리 중 도시락이 단연 으뜸인데 도시락 반합 안에 김치, 계란조림, 나물, 산천어 튀김 등이 들어 있다.

주소 강원도 화천군 화천읍 동촌리 **문의** 033-440-2584 **시간** 10:00~07:00 | 연중무휴

동촌식당
민물회를 주로 판매하고, 북한강을 마주 보는 큰 길가에 있다. 오랜 연구 끝에 개발한 특별한 양념장이 이 식당을 맛집으로 이끈 비결이라고 한다. 대표 메뉴인 쏘가리매운탕은 이 집만의 비법으로 만든 양념장과 민물새우의 육수를 이용하여 비린 맛을 제거하고 매운탕 특유의 담백하고 칼칼한 맛을 낸다.

주소 강원도 화천군 화천읍 대이리 **문의** 033-441-3579 **시간** 10:00~22:00 | 연중무휴

숙박

하늘빛 호수마을펜션
춘천시 사북면에서 화천으로 이어지는 5번 국도변 북한강 상류에 자리하는 하늘빛 호수마을에 위치해 있다. 맑은 물과 시원한 계곡, 장군산이 어우러져 그림 같은 풍경을 자아내는 곳에 자리 잡고 있어, 펜션에 묵으면서 가벼운 마음으로 주변을 둘러보기 좋다. 하늘빛으로 반짝이는 춘천호를 바라보며 청정 자연을 느끼고 휴식을 취할 수 있어 고향의 멋과 여유를 만끽할 수 있는 펜션이다.

주소 강원도 화천군 하남면 원천리 575-2 **문의** 033-441-5400

Info.

평화의 댐
주소 강원도 화천군 화천읍 동촌리 산321-4
문의 033-480-1523(한국수자원공사 평화의 댐 관리사업소)
시간 09:00~18:00(연중무휴)

세계 평화의 종 공원
주소 강원도 화천군 화천읍 동촌리 2917
문의 033-440-2575(관광안내소)

평화의 댐과 세계평화의 종 공원 가는 길

승용차	춘천에서 5번 국도, 또는 407번 지방 도로를 화천 방향 ➡ 산수화터널(461번 지방도)을 통과해 삼거리에서 좌회전 ➡ 해산 통과(460번 지방도) ➡ 평화의 댐 ※ 내비게이션에 '평화의 댐'으로 장소 지정을 하면 찾기 쉽다.
ITX-청춘열차 및 전철	용산 또는 청량리에서 출발하는 ITX-청춘열차 및 전철 승차 ➡ 남춘천역 하차 ➡ 춘천 시외버스 터미널 승차 ➡ 화천 시내버스 터미널 하차
버스	동서울 시외버스 터미널(구의동), 강남 고속 터미널, 상봉 터미널 또는 춘천 시외버스 터미널 승차 ➡ 화천 시내버스 터미널 하차 ➡ ①안동포 방향 13번 버스 승차 ➡ 평화의 댐 하차 ➡ 도보 120m 이동 ②오음리~간척행 5번 버스 승차 ➡ 파로호 회센타 역 하차 ➡ 유람선 물빛누리호 탑승

평화를 기원하는 종

이게 바로 세계평화의 종이에요.

평화의 종은 세계 30여 국의 분쟁 지역, 전쟁터에서
실제로 사용되었던 탄피와 포탄,
무기류의 철을 모아 만들어졌답니다.

종 무게는 9,999관(약 37.5톤)이에요.
그 중에 1관은 따로 보관하고 있는데요.

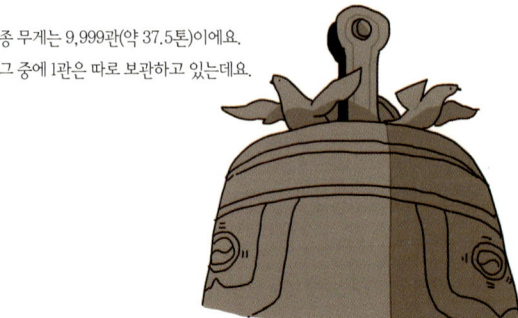

그 이유는

남한과 북한이 통일하는 날
이 날개를 붙이고 힘차게 기쁨의 종을 타종하기 위해서랍니다.

지나간 전쟁을 기억하고
현재 평화를 간절히 염원하며
다가올 미래를 희망으로 가꾸는 곳이 바로
'세계 평화의 종 공원'입니다.

칠성전망대
북녘 땅을 볼 수 있는 곳

칠성전망대에서 가슴에 품어 보는 희망의 별

화천의 민통선(민간인 통제 구역) 여행 코스는 칠성전망대 코스와 평화의 댐 코스가 있다.

제1코스인 칠성전망대 코스는 화천 시외버스 터미널에서 출발해 토고미마을~파포고개~산양리(사방거리)~칠성전망대로 화천읍면을 따라 사람, 경치 구경을 할 수 있는 코스다.

제2코스인 평화의 댐 코스는 화천 시외버스 터미널에서 출발하여 미륵바위~꺼먹다리~딴산폭포~평화의 댐으로 가는 코스로 자연의 멋을 볼 수 있는 코스다.

일반적으로 여행 중에 군사 시설을 간다고 하면 갑자기 흥미가 떨어질 수도 있지만 이곳에 오게 되면 출입 신청을 하고 검문을 거쳐 온 모든 과정이 아깝지 않다는 것을 곧 느끼게 된다. 칠성전망대 주차장에 도착해서 전망대 건물까지 걸어가는 길은 군사 시설로 보호되어 있는 지역이라 순수한 자연을 그대로 느낄 수 있다.

칠성전망대 건물 안으로 들어가면 정면에 강신영 작가의 작품 '생명의 싹'이라는 제목의 조형물을 마주하게 된다. 녹슨 철모 사이로 식물들이 싹을 틔우는 형상이다. 언제인가 서로를 가로막는 DMZ가 활짝 열리고 남북이 하나 되자는 희망

강신영 작가의 생명의 싹

을 두 개의 싹으로 보여주는 듯하고, 조각 작품 아래를 살펴보면 시조 시인 김재길이 지은 '도약'이라는 시가 있다.

3층 강연회장은 안보교육장으로 활용되고 있는데 헌병 장교의 설명으로 칠성부대 및 안보 관련 이야기를 들을 수 있다. 칠성부대 군인들이 먹고 남은 잔반을 인근 DMZ(휴전 협정에 의한 비무장 지대)에 서식하는 동물들에게 주는 시간이 일정해서 이 지역 동물들은 나름 질서가 있고 군기가 있다는 말에 참석자들이 한바탕 웃음 짓는다. 이 재미있는 강의를 마치고 다음 코스는 3층 전망대로 이곳에서는 칠성전망대에서 약 600m 거리에 있는 북녘 땅을 철조망을 넘어 내려다볼 수 있다. 남한에서는 유일하게 북으로 흘렀다가 평화의 댐으로 흐르는 금성천을 이곳에서 볼 수 있으며 북한의 산과 들, DMZ 내 야생동물을 관찰할 수 있다.

2층에는 DMZ 카페가 있고, 칠성부대와 DMZ 관련 전시관이 있어 잠시 쉬면서 한국 땅에서의 전쟁 역사와 당시 사용했던 무기들을 살펴볼 수 있다.

1층 병영생활관을 지나 건물 밖으로 나오면 반짝이는 DMZ 조형물을 만난다. 칠성전망대는 군사 지역이라 대부분 사진 촬영이 제한되지만 이곳만큼은 자유로이 인증 사진을 찍을 수 있다. 외국인들이 한국에 오면 가장 보고 싶은 곳이 비무장지대(DMZ)라고 한다. 세계적으로 유일하게 남은 분단 국가이기 때문이다.

칠성전망대의 포토존

425고지 전적비와 영화 〈고지전〉

칠성전망대를 돌아보고 주차장으로 내려오는 길 오른편에는 425고지 전적비가 우뚝 솟아 지나는 사람들의 발길을 잡는다. 1951년 휴전 협상을 시작한 이후 1953년 7월 27일까지 무려 37개월 동안 한순간도 전쟁을 멈출 수 없었던 중부전선의 '고지쟁탈전'이 바로 이곳에서 벌어졌다. 휴전을 목전에 두고 하루에도 몇 번씩 주인이 바뀌어야 했던 전쟁 막바지 최전방이었다.

전쟁을 실제로 겪지 못한 세대는 전적비에 새겨 있는 내용만으로는 상황을 이해하기가 쉽지 않다. 그렇다면 한국전쟁의 치열했던 마지막 이 순간을 조명한 장훈감독의 영화 〈고지전〉을 추천하다. 하루에도 몇 번씩 고지의 주인이 바뀌는 교착전이 멈추지 않았고 한 치의 땅이라도 더 확보하기 위해 목숨을 아끼지 않았던 치열했던 순간을 영화 〈고지전〉은 생생하게 표현하고 있다.

당시 화천에서 유독 전쟁이 극심했는데 그 이유는 전력이었다. 북한측은 화천발전소 탈환에 혈안이 되어 있었고 남한측 역시 남한 내 30%의 전력을 책임졌던 화천발전소를 사수하기 위해 사력을 다했던 것이다. 우리 군의 용맹함으로 화천댐 및 화천 지역 사수는 물론 38선 이북 35km 전방까지 확보함으로써 유리한 지형에서 휴전을 맞이하였다. 특히 425고지 전투는 7사단이 용산에서 화천으로 이동한 후 부여받은 책임 지역 내에서 한국전쟁 시 유일하게 수행한 마지막 전투였다.

이곳만은 둘러보자!
볼거리

 토고미마을

한국전쟁을 다룬 장편소설 황순원의 '나무들 비탈에 서다'는 휴전 협정을 2주 앞둔 시점에서 중동부 전선의 이야기를 다루고 있다. 소설 속 주인공은 추파령을 통해 퇴각하며 화천읍내를 거쳐 산양리의 사방거리를 지난다. 소설의 배경이 바로 칠성전망대를 포함한 산양리 지역이다. 휴전 후 주인공이 주둔한 부대는 지금의 토고미마을이다. '대체 우린 피해자일까 가해자일까?' 전쟁을 겪은 두 친구가 서로에게 묻고 있는 황순원의 소설 '나무들 비탈에 서다'를 읽었다면 소설 속 배경을 직접 눈으로 확인해 보는 것도 흥미롭다. 만약 읽어 보지 못했다면 이 기회에 읽어본 후 산양리 지역을 다시금 살펴보는 것도 색다른 여행이 될 것이다. 지금의 토고미마을은 친환경 유기농 쌀이 유명한 청정 마을이다. 쌀 이외에도 유기농 옥수수, 감자, 콩 등을 판매하고 있으며 숙박과 체험이 가능한 토고미 자연학교를 운영하고 있다.

주소 강원도 화천군 상서면 신대리 387-1 **문의** 033-441-7254

두 발로 디뎌 보는 평화의 길

맛 따라 여행 따라
식도락

맛집

평양막국수 음식점

평양식 막국수와 초계탕을 전문으로 하는 음식점으로, 화천 지역에 북한에서 피난 온 주민들이 많이 머물고 있어 북한 음식을 제대로 맛볼 수 있는 음식점이다. 강원도 화천에서는 처음 초계탕을 판매한 곳이다. 초계탕은 닭을 잘게 찢어서 동치미 국물에 얼음을 띄워 낸다. 여름철 점심 시간에는 예약을 하고 와야 식사가 가능할 정도로 인기가 많은 맛집이다.

주소 강원도 화천군 화천읍 대이리 **문의** 033-442-1112 **시간** 11:00~19:30 | 연중무휴

숙박

화이트힐펜션

해발 500m 고지에 위치해 있으며 펜션에서 사용하는 물은 지하 암반수여서 마음 놓고 마실 수 있다. 각각 독립적인 구조로 이루어져 있어서 주위로부터 방해받지 않고 편안한 휴식을 즐길 수 있다. 넓은 수영장에는 큰 풀과 아이용 풀이 구비되어 있어 어린아이를 동반한 가족 여행에 추천하고 싶은 펜션이다.

주소 강원도 화천군 사내면 광덕 4리 920
문의 010-4911-3831
홈페이지 http://whitehillps.com

마현리

버스터미널
5

461

상서면사무소   신양리

부촌리

칠성전망대

주소 강원도 화천군 상서면 산양리
시간 10:00~17:00
홈페이지 http://hcdmz.e-softhouse.com

출입 신청

방법 화천 민통선 출입관리 시스템 홈페이지(http://hcdmz.e-softhouse.com)
※ 단, 출입 승인 절차를 거쳐야 하므로 출입일 5일 전 신청 가능
인원 제한 없음
시간 매주 월요일을 제외한 10시, 12시, 13시, 14시, 15시
승인 출입승인: 신청자에게 SMS 문자로 전송한다
문의 화천군청 자치행정과 033-440-2265

칠성전망대 가는 길

승용차	🚗 각지역 출발 ➡ 춘천(5번 국도) 경유 ➡ 화천 461번 지방도 ➡ 산양리 칠성전망대 도착
ITX-청춘열차 및 전철	🚆 용산, 청량리, 옥수에서 출발하는 ITX-청춘열차 및 전철 승차 ➡ 남춘천역 하차 ➡ 춘천 시외버스 터미널로 이동하여 화천행 버스 승차 ➡ 화천 하차 ➡ 택시 타고 이동(칠성전망대로 가는 대중교통 없음)
버스	🚌 동서울 시외버스 터미널(구의동), 강남 고속 터미널, 상봉 터미널 또는 춘천 시외버스 터미널 승차 ➡ 화천 시외버스 터미널 하차 ➡ 산양리행 버스 이동 또는 택시 타고 이동

고지쟁탈전이 있던 곳

주차장에서 전망대 건물까지
걸어 올라가는 길은
아름답고 평화롭답니다.

DMZ가 활짝 열리고
남북이 하나 되자는 희망을
낡은 철모에서 자라나는
두 개의 싹으로 보여주는 듯하네요.

칠성전망대엔 425고지 전적비가 있는데
영화 〈고지전〉과 같은 고지 쟁탈전이
바로 여기에서 있었다고 합니다.

1951년 휴전 협상을 시작한 후
1953년 7월 27일까지,
영토 1cm를 위해 하루에도 여러 번
고지의 주인이 바뀌어야 했던
치열했던 전투를 생각하면
저절로 숙연해집니다.

북한 땅이 보이는
칠성전망대 카페에서는
차 한잔 마시며
사색하기 좋습니다.

북한 땅

DMZ
Gallery Cafe

베트남 참전용사 만남의 장
서바이벌 장으로 각광받는 곳

전쟁은 당신에게 관심이 있다

화천에는 전쟁에 관련된 독특한 장소가 구석구석 숨어 있다. 그중 하나가 '베트남 참전 용사 만남의 장'이다. 1964년 9월 11일 베트남전쟁에 한국군 파병이 시작되면서 화천군 간동면 오음리에 집결하여 훈련을 마치고 곧바로 베트남으로 떠났다. 1975년 베트남 전쟁이 끝나기까지 맹호부대, 해군 청룡부대, 백마부대 등 화천의 훈련장을 거쳐 간 군인들은 약 30만 명이 넘었다. 일상에 바쁜 도시인들이 지나간 전쟁에 대해 관심을 보이는 사람이 몇이나 될까? 누구나 알고 싶지 않은 불편한 진실 중 하나가 전쟁이기 때문이다. 그러나 지나간 전쟁을 기억하지 않으면 우린 같은 전쟁을 또 겪어야 할지도 모른다.

'당신은 전쟁에 관심이 없을지 모르겠지만 전쟁은 당신에게 관심이 있다'는 말을 남긴 러시아 정치인 레온 트로츠키의 말이 새삼 떠오른다. 전쟁 중에 옳은 전쟁, 정의로운 전쟁이란 없다. 오로지 인간에게 참혹한 상처를 주는 전쟁만이 있을 뿐이다.

지금은 서바이벌 장으로 인기를 끌고 있다.

먼 타국에서 숨을 거둔 참전 용사들의 넋을 위로하기 위해 베트남 파병 당시의 훈련장이었던 곳을 '베트남 참전용사 만남의 장'으로 만들어 일반에게 공개하고 있

베트남전시관

다. 현재는 서바이벌 게임장 및 다양한 체험 프로그램 등으로 전쟁 테마인 안보 관광 명소로 거듭나고 있다.

크게 기념관과 실외 시설로 이루어져 있다. 기념관 1층의 제1전시실에는 전쟁 발발 동기를 살펴볼 수 있고 2층 제2·3전시실에는 베트남 전쟁의 성과를 전시하고 있다. 기념관의 전체적인 전시 내용을 좀 더 구체적으로 살펴보면 야간 전투, 옛 오음리 모형, 땅굴이 있고 한국군의 참전과 활약에 관한 영상물 7편이 상영되고 있다. 무기류는 월남 민간복 외 60점이 있고 패널 전시, 사인물, 그래픽 월 등이 있다.

전시를 모두 살펴본 후 건물 밖으로 나가 왼쪽으로 향하면 내무반을 구경할 수 있다. 실제 군부대 내무반을 재현해 놓았다. 관물대, 모포, 매트리스 등이 비치되어 있고 일반인 숙박도 가능하다. 최대 약 120명까지 수용 가능하여 단체 관광객의 숙박 시설로 이용되고 있으며 각종 청소년 수련 시설로도 활용되고 있다. 내무반은 숙박 시설에 비해 비용(5인실 4만원)이 매우 저렴해 학교 등 단체

구찌터널

베트남 전통 가옥

관광객들이 선호하는 숙박 시설이다.

이곳에서 가장 특이한 시설은 구찌터널로 베트남전 당시 베트콩들이 만든 지하 요새(비트)를 본떠 만든 시설로 일종의 터널이다. 이곳에 있는 터널의 총 길이는 157m에 달한다. 터널 내부 구조는 실제의 터널과 유사하게 재현했으나 내부 마감재는 안전을 고려하여 실제와는 조금 다르게 콘크리트 구조물로 만들어졌다. 터널 안에는 무기 제작소, 작전 회의실 등이 설치되어 있어 베트남 전쟁 당시의 색다른 모습을 체험할 수 있다.

또 하나의 베트남 관련 시설로 베트남 전통 가옥이 구찌터널 옆에 위치한다. 열대 우림 지역에 위치한 베트남 주민들은 예로부터 대나무, 후박나무 등을 비롯한 각종 열대지방 특유의 목재를 이용하여 가옥을 만들었으며, 가난한 사람들은 억새풀이나 짚, 대나무 등으로 만들었다. 현재 총 6개동의 베트남 전통 가옥이 재현되어 있어 참전 용사들에게 베트남 파병 당시를 추억하게 하는 곳이 되고 있다.

훈련 체험장은 베트남전 당시의 훈련 시설을 부분적으로 복원하였으며, 일반인 및 청소년들의 병영 체험이 가능한 체력 단련 시설이다. 벽을 넘어서 등반벽 오르기, 거미줄 타기, 외줄타기, 줄잡고 건너기, 흔들 외다리 전진하기, 시냇물 통과하기 등을 통해 체력을 향상시킬 수 있는 체험 활동 시설이다.

현재 가장 인기가 있는 시설은 '서바이벌 체험장 및 전투 장비' 지역이다. 탱크, 장갑차 등 실제 전투 장비가 배치되어 있어 이곳에서 벌이는 서바이벌 게임은 마치 전쟁의 현장에 있는 듯 실전을 방불케 한다. 사실감 넘치는 서바이벌 경기를 할 수 있어서 전국에서 많은 서바이벌 마니아들이 즐겨 찾는 곳이다.

이곳만은 둘러보자!
볼거리

 파로호 느릅마을

'베트남 참전용사 만남의 장'에서 가까운 곳에 생태마을 느릅마을이 있다. 이 마을의 가장 큰 자랑은 친환경 농법으로 재배한 '메뚜기쌀'이다. 무농약으로 쌀을 재배하기 시작한 후 사라져 가던 메뚜기가 하나 둘 모여들기 시작해 이제는 해마다 추수철에 이 마을을 오면 '메뚜기 축제'에 참여할 수 있다. 온 가족이 함께 쌀을 추수하고 메뚜기도 잡으면서 청정 자연을 체험하는 프로그램이다. 행사는 매년 9월 중순에서 10월 중순 사이에 열린다. 이밖에도 허수아비 만들기, 재래식 탈곡 체험, 농산물 수확 체험 등 다양한 행사가 있다.

주소 강원도 화천군 간동면 유촌리 **문의** 010-8934-6955

맛 따라 여행 따라
식도락

월남가든

'베트남 참전용사 만남의 장' 안에 있는 식당으로 최대 160명이 동시에 식사 가능한 대형 식당이다. 단체 예약이 있을 때만 식사가 가능하다. 인기 메뉴는 닭도리탕이지만 된장찌개, 김치찌개 등 그밖에 식사 메뉴도 다양하다. 간단한 일품요리를 원한다면 오삼불고기(1인분 8000원)를 추천한다. 오징어와 삼겹살이 맛있는 양념과 함께 나온다.

주소 강원도 화천군 간동면 오음리 **문의** 033-442-5232 **시간** 07:00~21:00 | 연중무휴

'베트남 참전용사 만남의 장' 안에 있는 내무반 시설 이용

일반인들도 자유롭게 이용할 수 있다. 베트남 참전의 의미를 되새기고자 지은 곳으로 숙박 시설은 참전기념관, 베트남 전통 가옥, 옛 취사장, 훈련 체험장, 식당 등과 같이 있다. 객실은 군부대 이름을 딴 3인용, 5인용의 가족실과 군대 내무반 모습을 하고 있는 단체실(최대 20명 수용)을 갖춰 숙박이 곧 병영 체험이 된다. 객실 내에는 TV, 냉장고, 침구, 욕실 등의 편의 시설을 갖췄으며 외부에 별도로 취사장과 바비큐장이 마련돼 있어 음식을 조리해 먹을 수 있다. 공동 샤워실과 세탁기도 있어 빨래도 가능하다.

주소 강원도 화천군 간동면 오음리 87-7 **문의** 033-441-8002

Info

베트남 참전용사 만남의 장

주소 강원도 화천군 간동면 오음리 87-7
문의 033-441-8002
시간 09:00~18:00 | 입장료 없음
홈페이지 www.vws.co.kr

베트남참전용사 만남의 장 가는 길

승용차	①고속도로 이용: 서울 춘천간 고속도로, 중앙 고속도로 춘천 IC ➡ 양구·화천 방면으로 우회전 ➡ 배후령 터널 ➡ 간척사거리에서 좌회전 ➡ 간동파출소 앞 우회전 ②국도 이용: 남양주(46번 국도) ➡ 청평 ➡ 가평 ➡ 강촌 ➡ 팔미 삼거리 ➡ 양구 방향 직진 ➡ 배후령 터널 ➡ 간척 사거리에서 좌회전 ➡ 간동파출소 앞 우회전
ITX-청춘열차 및 전철	용산, 청량리, 옥수에서 출발하는 ITX-청춘열차 및 전철 승차 ➡ 남춘천역 하차 ➡ 춘천 시외버스 터미널로 이동하여 오음리행 버스(1일 5회) 승차 ➡ 오음리 하차
버스	①동서울 시외버스 터미널(구의동), 강남 고속 터미널, 상봉 터미널 승차 ➡ 춘천 하차 ➡ 춘천 시외버스 터미널에서 오음리행 버스(1일 5회) 승차 ➡ 오음리 하차 ②화천 시내버스 터미널에서 오음리-간척 방향 버스 5번(1일 9회) 승차 ➡ 오음리 하차

베트남전쟁 파견 훈련장

화천에는 전쟁에 관련된
장소들이 많답니다.
이곳은 베트남 참전용사
만남의 장이에요.

베트남전에서 베트콩들이 만들었던
구찌터널을 체험할 수 있습니다.

그리고 베트남의 문화를
알 수 있는 전통 가옥도
재연되어 있어요.

서바이벌 전투 장비가 갖추어져 있어
레저 활동지로 인기를 끌고 있답니다.

파로호 안보전시관, 군 부대 역사관
전쟁의 기록

사연 많은 화천 수력발전소

파로호 안보 전시관에 대한 이야기를 시작하려면 사연 많은 화천 수력발전소를 빼놓을 수 없다. 화천 수력발전소는 주인이 다섯 번이나 바뀐 사연 많은 발전소이다. 처음에 일본이 대륙 침략을 위해 1944년 북한강 협곡을 막아 축조하였는데 1년 후 해방을 맞으면서 38선이 그어지자 북한 땅이 된다. 이후 북진하여 남한 땅이 되었다가 1.4후퇴로 다시 북한의 손으로 들어간다. 1951년 5월 중공군의 대대적인 공세를 막아내고 화천발전소를 점령하는 승리를 거두었다. 그리고 1953년 휴전 협정이 체결된 2년 후 1955년 이승만 대통령이 대붕호라는 이름 대신 파로호라는 이름을 명명하고 기념탑을 세워 오늘날까지 이어지고 있다.

화천댐

전쟁을 기억해야 하는 이유가 있는 파로호 안보전시관

파로호 안보전시관은 바로 화천 수력발전소를 지키기 위해 벌였던 화천의 전투를 기억하기 위해 건립되었다.
    전시관 건물 밖 오른쪽에는 한국전쟁에서 희생된 민간인 희생자 위령탑이 있

안보전시관 내부

베트남전시관

으며, 왼쪽에는 전쟁에서 희생된 학도병들을 추모하는 '자유 수호 희생자 위령탑'이 있다. 또한 전쟁 당시 사용했던 탱크도 볼 수 있다. 이 전시관은 총 2층 건물로 1층에는 군의 근대 역사와 한국전쟁 당시 화천댐을 사수한 국군 제 6사단의 파로호전투, 643고지전투 등 전쟁사 등을 전시하고 있으며 당시 주민들이 마주했던 비극과 생활에 대해 재현해 놓았다. 2층은 화천 홍보관과 관람객 휴식 공간을 설치해 안보전시관을 찾는 관광객들의 편의를 제공하고 있다. 안보전시관의 내용을 좀 더 자세히 알고 싶다면 문화 해설사에게 부탁하면 된다. 전시관 뒤로 가면 파로호 전망대가 있어 파로호를 한눈에 내려다볼 수 있다.

화천에서만 볼 수 있는 특별한 경험_ 군부대 역사관

용담계곡 근처에 있는 이기자부대 안에는 군부대 역사관이 있어 일반인들도 신청하면 관람 가능하다. 이곳 군부대 역사관은 용산 전쟁 기념관과 함께 국내 유일의 군부대 역사관이다.

특별히 이기자부대의 변천사와 함께 한국전쟁의 발발 원인과 전쟁 경과 및 휴전에 이르기까지는 물론이고 한국전쟁 당시 중동부 전선의 전쟁 상황을 자세히 알 수 있는 설명을 들을 수 있다.

역사실에서는 1950년대 이후 이기자부대와 관련된 희귀 사진들이 있어 일반적인 여행지에서는 경험할 수 없는 특별한 경험이 된다. 최근 MBC-TV 프로그램 리얼 입대 프로젝트 '진짜 사나이'의 인기가 높아지면서 군부대에 대한 일반인들의 관심도 따라서 높아지고 있다.

이곳만은 둘러보자!
볼거리

🚩 화천 수력발전소

일제의 대륙 침략을 위한 에너지원으로 1939년 착공하여 1944년 완공되었다. 강원도 화천군 화천읍 동촌리와 간동면 구만리 사이의 북한강에 있는 높이 81.5m, 길이 435m, 총저수량 10억 1800만톤의 콘크리트 중력댐으로 발전 전용으로, 전기 시설 용량은 10만 8000kW이고 유효 낙차는 74.5m이다. 춘천·의암·청평·팔당 등 하류 발전소로 이어지는 북한강 수원의 발원지이며, 수력발전을 위하여 설치된 댐 가운데 국내 최대의 규모이다. 댐이 준공되어 면적 38.89km²에 이르는 큰 호수 파로호가 생겼다.

 강원도 화천군 간동면 구만리1319-1 문의 033-440-3246

🚩 꺼먹다리

분단으로 가로막혀 북으로 가는 발이 묶인 지 60년이 흘렀다. 그러나 아직도 총탄 자국이 그대로 남아 있는 꺼먹다리는 한국전쟁 당시 파란만장했던 분단의 아픔을 고스란히 지켜본 증인이다. 꺼먹다리는 1945년경 화천 수력발전소가 준공되면서 만든 다리로 그 당시 북한강을 건너는 유일한 다리였기 때문에 치열한 전쟁을 피할 길이 없었다. 꺼먹다리는 구만교가 준공되면서 1981년 일반인의 출입을 잠시 통제했었다. 그러나 훼손된 난간을 수리하고 재정비해서 이제는 누구나 건널 수 있는 다리가 되었다. 꺼먹다리는 등록문화재 제 110호로 지정되어 현대 교량사 연구의 중요한 자료가 되고 있다.

 강원도 화천군 화천읍 대이리 468-3 문의 033-440-2226

맛 따라 여행 따라
식도락

맛집

파로호 회센터
파로호 선착장 가까이에 있는 '파로호 회센터'는 화천을 여행할 때 꼭 한 번은 들러야 할 명소이다. 민물회 전문 횟집들이 모여 있는 곳으로 깐깐한 미식가들의 입을 만족시킨다. 어떤 메뉴를 선택하든 후회가 없겠지만 그중에서도 특히 쏘가리회의 인기가 높다. 회를 먹고 난 후 맛보는 얼큰한 매운탕도 일품이다. 바다회와는 또 다른 깊은 맛을 느낄 수 있다.

주소 강원도 화천군 간동면 구만리 | **문의** 033-442-3123 | 휴일 : 명절

숙박

파로호펜션
소나무와 황토 등 친환경 자재로 건물을 지어 하루를 묵어도 건강해지는 느낌을 받는다. 내부 가구에서는 홍송 원목의 은은한 목향이 나고 2층 침실에서는 북한강의 물결을 발치에 놓은 듯 가까이 느낄 수 있다. 강물과 꽃길을 사이에 두고 자전거 도로가 있으며 밤이면 밤하늘에 촘촘히 박힌 별을 셀 수 있다.

주소 강원도 화천군 화천읍 아리 95-2 **문의** 033-441-1488 **홈페이지** www.paroho.kr

Info.

파로호 안보전시관
- 주소 강원도 화천군 간동면 구만리 산 215
- 문의 033-440-2563
- 시간 09:00~18:00(※월, 화 정기휴일)

꺼먹다리
- 주소 강원도 화천군 화천읍 대이리468-3
- 문의 033-440-2226

군부대 역사관
- 주소 강원도 화천군 사내면 명월리 〈이기자부대〉 내

파로호 안보전시관 가는 길

승용차	각지역 출발 ➡ 춘천(5번 국도, 407번 지방도) 경유 ➡ 화천 대이리 방향(461번 지방도) ➡ 구만리를 지나 파로호 안보전시관 하차
ITX-청춘열차 및 전철	용산, 청량리, 옥수에서 출발하는 ITX-청춘열차 및 전철 승차 ➡ 남춘천역 하차 ➡ 춘천 시외버스 터미널로 이동하여 화천행 버스 승차 ➡ 화천 하차 ➡ 화천 시내버스 터미널로 이동하여 오음리-간척 방향 5번 버스(1일 9회) 승차 ➡ 구만리 파로호회센타 하차 ➡ 도보 100m 가면 안보전시관
버스	동서울 시외버스 터미널(구의동), 강남 고속 터미널, 상봉 터미널 또는 춘천 시외버스 터미널 승차 ➡ 화천 시외버스 터미널 하차 ➡ 화천 시내버스 터미널로 이동하여 오음리-간척 방향 5번 버스(1일 9회) 승차 ➡ 구만리 파로호회센타 하차 ➡ 도보 100m 가면 안보전시관

화천댐을 사수하라

전쟁의 기록을 찾아보는 여행을 시작하겠습니다.

화천 파로호 안보전시관입니다.

파로호는 한국전쟁 당시 화천 수력발전소를 둘러싸고 벌어졌던 전투에서 대대적인 승리를 기록하면서 이승만 대통령이 하사한 이름입니다.

이 전시관에는 한국전쟁 당시 화천댐을 사수한 국군 제 6사단의 파로호전투, 643고지전투 등 전쟁사 관련을 전시하고 있으며 전쟁 당시 주민들의 비참했던 생활을 재현해 놓고 있답니다.

언뜻 보면 평범해 그냥 지나치기 쉽지만
643고지 전투전적비와 함께 한국전쟁을 되새기며
아이들과 둘러보기에 좋은 역사 교육의 현장입니다.

다음은 군부대 역사관입니다.

한국전쟁 당시 중동부 전선의 전쟁 상황에 대해
자세한 설명을 들을 수 있답니다.

면회객뿐만 아니라 일반인도
신분증을 제시하면 들어갈 수 있습니다.

PART 7

시간 가는 줄 모르는 옛이야기

미륵바위 | 유촌리 산천제 | 비래바위

미륵바위
초립동의 전설이 깃든 곳

100년 전 영국인 여류 작가가 본 화천의 미륵바위

화천 시내에서 파로호 방면으로 약 2km 가다 보면 461번 도로 오른편에 서 있는 미륵바위를 볼 수 있다.

석가모니가 구제할 수 없었던 중생들을 남김없이 구제한다는 의미를 담고 있는 미륵을 닮은 미륵바위가 화천 대이리에 5개가 나란히 서 있다. 5개 바위가 있어 다른 이름으로 '오형제 바위'라고도 부른다. 그 중에서 가장 큰 바위는 높이가 170cm, 둘레가 130cm로 마치 거인이 쭈그리고 앉아 있는 듯하다.

1894년 한국에 온 영국의 여행 작가 I.B.비숍 여사가 남긴 책 '조선과 그 이웃나라들'에 보면 이곳에 있는 가장 키가 큰 미륵불의 모습이 어린애를 업고 있는 사람을 떠오르게 한다고 기록하고 있다.

영국 작가 비숍은 조선시대 자연의 아름다움을 따라 북한강 여행을 하고 나서 기록했던 화천 미륵바위에 대한 이야기는 매우 흥미롭다. 작가의 이야기에 따르면 이전 미륵바위 주변에는 절이 함께 있었지만 지금은 바위만 우두커니 자리를 지키고 있어 모양만 살펴봐서는 왜 미륵바위라 부르는지 의아해 할 수도 있

다. 하지만 미륵바위에 대한 전설을 알면 다시금 찬찬히 살펴보지 않을 수 없다. 미륵바위에는 2개의 전설이 전해 내려온다.

미륵바위 초립동의 전설

조선시대 말엽에 화천읍 동촌리에 살았던 가난한 선비 장 아무개가 있었다. 선비의 집에서 미륵바위까지는 거리가 멀었지만 일부러 와서 음식을 차려 놓고 지극정성을 드리곤 했다. 그러던 어느 날 선비가 과거를 보러 가기 위해 한양으로 떠나게 되었다. 한양 가던 길에 미륵바위에 가서 인사를 하려고 잠시 들렀는데 선비 앞에 괴나리봇짐을 진 초립동이 나타나 한양까지 동행하자고 제안을 하였다. 혼자 가는 것보다 덜 외로울 것 같은 생각에 선비는 허락을 했고 두 사람이 함께 가기로 했다. 초립동이 노자로 삼제 세 필까지 내놓은 덕분에 선비는 큰 어려움 없이 한양에 도착했다. 한양에 도착하자마자 초립동은 큰 주막으로 선비를 안내하고 진수성찬을 주문하여 함께 배불리 먹었는데, 밤 사이에 초립동은 어디론가 사라져 버렸다. 며칠이 지나도 초립동이 돌아오지 않았고, 선비는 결국 음식 값 대신 주막에서 머슴으로 일해야만 했다. 글만 읽던 선비에게 머슴일은 매우 고되었다.

그러던 어느 날 초립동이 다시 나타나 미안한 기색도 없이 선비에게 환약 하나를 건네며 장안에 가면 김 아무개라는 대감의 무남독녀가 병을 앓고 있는데 이 약

을 먹이면 병이 나을 거라고 했다. 선비는 화가 났지만 초립동의 기세에 눌려 시키는 대로 김 대감 집에 찾아가 보니 과연 초립동의 말대로였다. 가져간 약을 김 대감 딸에게 먹였더니 신기하게도 하루 만에 병이 다 나았다. 김 대감은 딸의 병이 낫자 크게 기뻐하였고, 선비가 과거를 놓친 사연을 말하자 이번 과거시험에는 장원이 없어 사흘 후에 다시 과거가 열린다며 자신의 집에서 묵으며 준비하라고 권한다. 그리하여 선비는 과거시험에서 장원 급제를 하고 양구현감을 제수받게 된다. 선비는 돌아가는 길에 주막에 있는 초립동을 찾아갔다. 초립동은 선비의 장원 급제를 자신의 일처럼 기뻐했다. 둘은 귀갓길도 같이 했는데 미륵바위에 다다르자 초립동이 홀연히 사라져 버렸다. 이후 선비는 그 초립동이 미륵바위의 다른 모습이라는 사실을 알게 되었고 더욱 정성을 다해 미륵바위를 보살폈다고 한다.

소금 배를 타고 온 외지사람의 꿈

미륵바위에 대한 또 하나의 전설이 있다. 미륵바위는 원래 강에 있었는데 뗏목꾼들이 옮겨 놓았다고 한다. 한양의 마포나루에서 화천으로 소금 배가 드나들던 시절 장사꾼들이 이곳에 와서 정성을 드리고 뗏목꾼들도 이곳에 들러 치성을 드렸다고 한다. 그러던 어느 날 소금 배가 길을 잘못 들어 이리저리 헤매다 소금 장수는 결국 배 안에서 잠이 들었는데, 꿈속에 미륵바위가 나타나 현재의 위치로 '나를 옮겨 달라'는 간곡한 청을 했다. 잠에서 깬 소금 장수는 마을로 돌아와서 꿈에 관한 얘기를 사람들에게 전했고 뗏목꾼과 동네 사람들이 함께 힘을 합쳐 바위를 이 자리에 옮겼다고 한다.

옛부터 영험한 바위로 전해지자, 미륵바위를 탐내 자신의 마당으로 몰래 가져간 사람들도 있었다. 그랬더니 바위를 옮긴 사람은 죽고 관련된 사람도 시름시름 앓아 나쁜 일이 생기자 다시 지금의 자리에 갖다 놓았다는 이야기도 있다. 지금도 마을에서는 산신제가 끝나면 이곳 미륵바위까지 와서 제의를 올릴 정도로 영험한 바위로 여기고 있다.

이곳만은 둘러보자!
볼거리

 물 위를 걷는 폰툰다리

미륵바위를 지나 '숲으로 다리'를 건너면 산소 100리길 코스 중 한 곳인 폰툰다리가 나온다. 이 길은 자전거를 타고 다닐 수 있는 길이다. 물 위로 난 길을 둥실둥실 걷다 보면 물 아래로 오가는 물고기들을 볼 수 있다. 혹시 낚시를 좋아하는 사람이라면 손이 근질근질해질 수도 있을 만큼 물고기가 많다. 그러나 폰툰다리에서는 낚시가 금지되어 있다. 물 위를 걷다 보면 계곡의 물을 호수로 연결해 마실 수 있도록 해 놓은 곳에 다다른다. 물 위에서 마시는 계곡물은 매우 색다른 경험을 준다.

맛 따라 여행 따라
식도락

콩사랑

통나무로 지은 아담하고 예쁜 산장 카페 분위기이다. 도착해 보면 마치 별장에 놀러 온 듯 정원이 예쁘게 다듬어져 있고 실내는 벽난로와 조각상, 그림으로 분위기 있게 장식되어 있다. 음식 맛도 좋지만 분위기가 곁들여져 기억에 오래 남는 음식점이라 연인에게 추천하고 싶은 음식점이다. 두부전과 모듬전, 불고기, 콩탕 등 10여 가지의 반찬이 제공되는 모듬보쌈이 주 메뉴이다.

주소 강원도 화천군 화천읍 대이리
문의 033-422-2114
시간 11:30~19:00 | 연중무휴 | 사전 예약을 하고 가는 것이 좋다.

강변민박
문의 033-441-3624

갤러리펜션
문의 033-441-2590

바람골펜션
문의 033-441-5998

강산민박
문의 033-441-5814

그린펜션캠핑장
문의 011-9622-5785

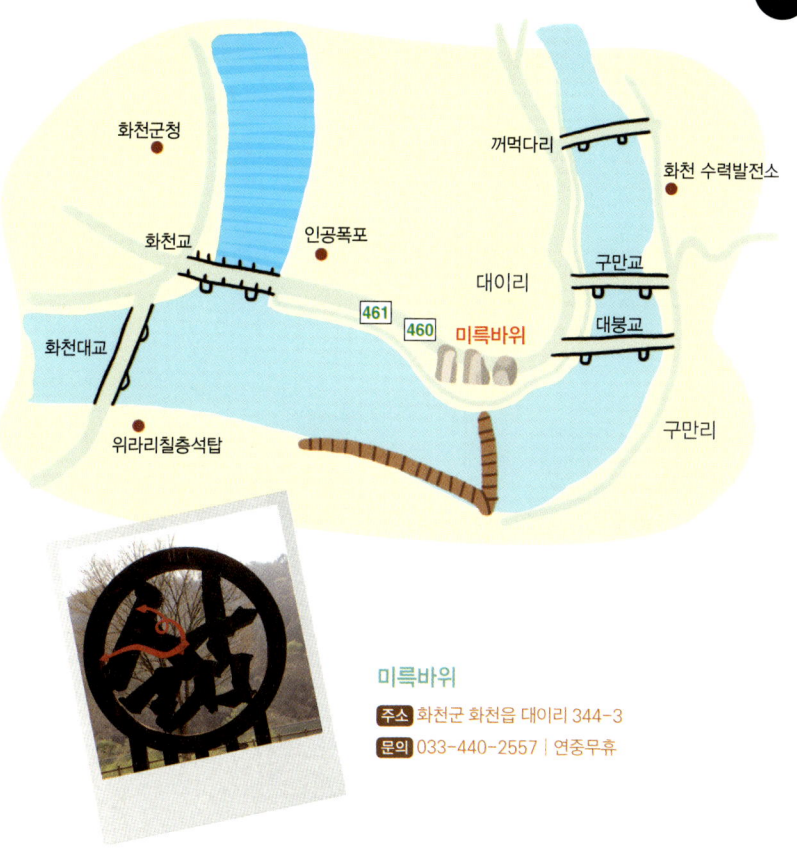

미륵바위

주소 화천군 화천읍 대이리 344-3
문의 033-440-2557 | 연중무휴

미륵바위 가는 길

승용차 🚗 각 지역 출발 ➡ 춘천(5번 국도, 407번 지방도) 경유 ➡ 대이리(461번 지방도) 미륵바위 도착

ITX-청춘열차 및 전철 🚂 용산, 청량리, 옥수에서 출발하는 ITX-청춘열차 및 전철 승차 ➡ 남춘천역 하차 ➡ 춘천 시외버스 터미널로 이동하여 화천행 버스 승차 ➡ 화천 하차 ➡ 화천 시내버스 터미널로 이동하여 2번(1일 16회), 13번(1일 5회), 1번(1일3회) 버스 승차 ➡ 대이리 미륵바위 하차

버스 🚌 동서울 시외버스 터미널(구의동), 강남 고속 터미널, 상봉 터미널 또는 춘천 시외버스 터미널 승차 ➡ 화천 시외버스 터미널 하차 ➡ 화천 시내버스 터미널로 이동하여 2번(1일 16회), 13번(1일 5회), 1번(1일 3회) 버스 승차 ➡ 대이리 미륵바위 하차

소원을 이루어 주는 바위

화천 시내에서 파로호 방면으로 가다 보면
신기하게 생긴 바위들이 서 있는 것을 볼 수 있어요.

이 바위들은 석가모니가 구제할 수 없었던 중생들을
남김없이 구제한다는 의미를 담고 있는 미륵바위랍니다.

미륵바위에 얽힌 이야기 중에
가장 유명한 이야기는
초립동 이야기입니다.

옛날옛날
한 선비가 미륵바위를 극진히 모셨습니다.
그러던 중 과거 시험을 보게 되었는데,

갑자기 초립동이 나타나 도움을 주어 우여곡절 끝에
선비가 과거에 급제하게 되었다는 이야기랍니다.

소원을 이루어 주는 신기한 바위라고 하니
그냥 지나치지 마세요!

유촌리 산천제
남자들만의 의식

화천의 민속 문화를 남기기 위한 끈질긴 노력의 결과

화천은 산이 높고 물이 깊은 지리적 여건으로 산천을 대상으로 의식을 치르는 독특한 민속 문화가 특별히 많다. 화천의 축제인 용화축전은 용화산에서 산제(山祭)와 천제(天祭)를 지내고 강으로 내려와 용왕제를 지낸다.

산신과 천신을 위한 제를 한곳에서 행하는 유촌리 산천제도 특별하다. 화천군 간동면 유촌리 제당계곡에서 올리는 산천제는 역사가 까마득할 정도로 옛날부터 전해 내려오는 마을 행사이다. 제를 올리는 장소는 용화산으로 올라가는 길목에 있는 계곡 옆 큰 바위다. 유촌리가 북한 지역일 때도 행사는 조용히 진행되었는데 북한 정권에 발각되는 것이 무서워 결국 산천제를 지내지 못했던 시기도 있었다고 한다.

화천은 1945년부터 8년 동안 북한의 지배를 받았다. 그 기간 동안 화천에 계승되던 대부분의 민속 문화는 큰 수난을 겪었다. 공산 정권은 그 어떤 신앙 생활도 인정하지 않았기 때문이다. 산천제를 지내는 것이 알려지면 찾아와 때려 부수고 불을 지르는 등 횡포를 부리는 공산 정권이 무서워 산천제를 올리지 못했다.

다시 산천제를 지내게 된 건 한국전쟁 이후부터다. 화천 지역만의 독특한 민속 문화를 지금까지 남길 수 있었던 것은 화천 주민들의 끈질긴 노력이 있었기 때문이다.

남자 어른신들만 모여서 산천제를 지낸다.

남자들만의 산천제

유촌리 마을 주민들은 해마다 음력 3월 3일과 9월 9일이면 제당골에서 산신과 천신께 제사를 지낸다. 부정 타지 않게 제주를 빚고 제수는 돼지머리, 돼지피, 쌀, 주과를 쓰며 헌관 3인의 대축(제사 때에 축문을 읽는 사람)이 있다. 제관으로 선정된 사람들은 모두 제복으로 갈아입고 익숙한 솜씨로 음식을 준비하고 엄숙하게 제를 올린다. 유촌리 산천제는 1년 동안 마을 사람들의 안녕을 비는 전통적인 기원제이다. 특이하게도 유촌리의 산천제는 여자들은 참여할 수 없다. 모두 남자로만 구성된 20여 명이 정성을 다해 산천제를 올린다.

여자들만의 기우제

화천에는 남자들만 의식에 참여하는 유촌리 산천제도 특이하지만 여자들만이 지내는 기우제가 있다. 예로부터 구만리에서는 비가 오길 바라는 기우제를 물고기가 용이 되어 올라갔다고 해서 어룡동이라 부르는 신성한 장소에서 지냈다. 기우제를 지내는 동안 남자들은 집밖으로 나오면 안 되고 동네 여자들이 속옷만 입고 키를 들고 어룡동 소에 들어가 물고기를 잡는 듯 물장난을 치면서 한바탕 놀고 나면 희한하게 비가 내렸다고 한다.

주전자 바위 기우제

그 밖에 화천의 독특한 기우제로는 용화산 주전자 바위에서 하는 기우제가 있다. 가뭄이 들면 이 주전자 바위의 주둥이에서 '개적심' 기우제를 지냈다. 돼지를 잡아 기우제를 지내는 다른 지역과는 달리 기우제 의식으로 개를 잡아서 그 피를 바위의 주둥이에 바르고 비를 내려 달라는 기원을 한다. 천한 짐승의 더러운 피를 묻히면 그 피를 씻어내려고 하늘에서 비를 내린다고 믿는 민간 신앙 때문이다.

이곳만은 둘러보자!
볼거리

 화천 한옥학교

한식 목공 기능인을 양성해 전통문화를 계승하려는 목적으로 설립해 화천군이 운영하는 한옥학교이다. 한식 목공 기능의 교육뿐만 아니라 한옥 건축 설계의 심화 과정까지 학습할 수 있도록 관련 교육 과정을 포함하여 종합적이고 체계적인 교육 프로그램으로 구성하고 있다. 주중에 교육받을 수 없는 사람들을 위한 주말 학습 프로그램과 1박 2일 동안 전통 한옥을 체험할 수 있는 프로그램도 마련되어 있다. 선조들의 지혜가 녹아 있는 한옥을 공부하는 학교이다.

주소 화천군 간동면 유촌리 산 383
문의 033-442-3366

맛 따라 여행 따라
식도락

건강식품으로 떠오르는 블루베리 맛보세요.

맛집

채향원

화천군을 대표하는 블루베리 농장이다. 블루베리는 건강 기능 식품으로 인기가 높다. 채향원은 블루베리를 수확하는 체험도 가능하며 블루베리 잼과 식초도 상품으로 유통하고 있다. 미리 전화 예약하면 견학이 가능하다.

주소 화천군 간동면 유촌리 371
문의 033-441-1302

숙박

파로호 한옥펜션

그림처럼 펼쳐지는 북한강을 내려다볼 수 있는 곳이다. 인근에 강 위로 길을 낸 화천 산소 100리길이 있어 산책하기 좋다. 전통 한옥의 정수를 맛볼 수 있는 수려한 건물은 친환경 방식으로 지어, 방마다 각기 다른 색을 주제로 한 인테리어가 돋보인다.

주소 화천군 화천읍 아리 95-2
문의 010-3814-1488
홈페이지 www.paroho.kr

느릅마을황토펜션
문의 016-784-4461

뛰개민박
문의 010-5245-3807

놀자네민박
문의 010-8951-4135

검정고무신민박
문의 010-3634-4055

유촌리 산천제

주소 화천군 간동면 유촌리 제당계곡

유촌리 가는 길

승용차	춘천 IC-소양댐·양구 방향(46번 국도) ➡ 배후령(오봉산)터널 ➡ 간척 사거리에서 좌회전 ➡ 약 1.3Km 전방 쌍용교육대 앞에서 좌회전 ➡ 유촌리 도착 ※ 내비게이션에 '간동면사무소'로 장소 지정을 하면 찾기 쉽다.
ITX-청춘열차 및 전철	용산, 청량리, 옥수에서 출발하는 ITX-청춘열차 및 전철 승차 ➡ 남춘천역 하차 ➡ 춘천 시외버스 터미널로 이동하여 화천행 버스 승차 ➡ 화천 하차 ➡ 화천 시내버스 터미널로 이동하여 5번(1일9회)버스 오음리 경유 용호리행 버스 승차 ➡ 유촌리 하차
버스	동서울 시외버스 터미널(구의동), 강남 고속 터미널, 상봉 터미널 또는 춘천 시외버스 터미널 ➡ 화천 시외버스 터미널 하차 ➡ 화천 시내버스 터미널로 이동하여 5번(1일 9회)버스 오음리 경유 용호리행 버스 승차 ➡ 유촌리 하차

여자 출입금지 '산천제'

화천은 산이 높고 물이 깊은
지리적 특성을 갖고 있답니다.

그렇기 때문에 산천을 중시하는
민간 신앙이 많아요.

남자들만의 산천제가 있답니다.
유촌리에서 하는 산천제는 남자만
20여 명이 모여 해마다 음력 3월 3일과 9월 9일에
산신과 천신께 제사를 지냅니다!

유촌리 산천제는 준비부터
제를 올리는 과정
모두 여자들은 참여할 수 없답니다.

남자들만의 산천제가 있다면
여자들만의 기우제가 있죠.

어룡동에서 드리는 기우제는
비가 오지 않으면 동네 여자들이 속옷만 입고
어룡동 소에 들어가 놀다 나오면 신기하게도
비가 내렸다고 하네요. 신기해라!

화천 지역만의 독특한 민속 문화를
지금도 볼 수 있었던 것은
화천 사람들의 정성을 다한 노력 덕분이죠.

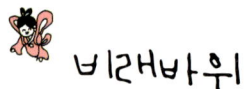

신선과 선녀가 놀다 간 곳

구름을 탄 신선이 내려온 곳

강원도 화천군 상서면에 있는 구운리는 9명의 신선이 구름을 타고 와 놀던 곳이라 해서 붙여진 이름이다.

이 구운리 뒤편에 우뚝 솟아 있는 바위가 비래바위이다. 설악산에 있는 울산바위가 울산에서 왔다는 전설이 전해지듯이 비래바위는 옛날 금강산에서 날아와 상서면 구운리 만산동 마을 뒤쪽 산 복판에 자리했다고 한다. 바위가 날아왔다고 하여 '날 비 飛 올 래 來 바위 암 岩' 자를 써서 비래바위(飛來岩)라는 이름이 붙여졌다.

바위의 전체적인 모양은 마치 치마를 좌우로 펼쳐 놓은 듯 보인다. 그 모습이 12폭 병풍 같다 해서 병풍바위라고도 부른다. 이런 바위의 모습은 한반도의 산 어디에 가도 보기 드문 신비로운 풍경이다. 비래바위는 경이로운 풍경으로 인해 신선들의 이야기가 전해진다. 이 바위 한가운데는 맑은 물이 있는 연못이 있어 신선들이 목욕하러 오곤 했다고 한다.

어느 날 마을 사람이 산에 올라갔다가 연못에서 신선들이 목욕하는 것을 보게 되었다. 그러자 갑자기 천둥 번개와 함께 하늘에서 지네가 내려와 그 사람을 죽였다. 그 뒤로 마을 사람들은 비래바위에 오르지 않게 되었다는 전설이 있다.

선녀에 관한 이야기도 있다. 선녀가 하늘에서 내려와 계곡에 놀다가 아름다운 풍경에 취해서 놓고 간 비녀가 바위로 변해 비래바위가 되었다는 전설이다.

신선들이 찾아오고 선녀가 놀다 간 비래바위는 해발 970m, 폭 100m, 높이

60m의 병풍처럼 깎아지른 기암괴석이다. 산중에 홀로 우뚝 솟아 있는 신기한 비래바위를 보고 선조들이 상상해서 만든 이야기이겠지만 비래바위를 보고 있으면 그 신비함과 아름다움에 신선의 이야기이든 선녀의 이야기이든 일리가 있다고 고개가 절로 끄덕여진다. 비래바위의 모습이 사람의 생각으로는 알 수 없는 신비한 풍경이라 신선의 땅이라 여기고 신성시하는 마음이 신선과 관련된 이야기로 전해진 듯하다.

신선이 살 것 같은 행복한 마을 구운리

화천에서 5번 도로를 따라 약 5Km를 가면 다리 건너 우측으로 토고미마을이 나오고 조금 더 가면 좌측으로 구운리 표지판이 보인다. 표지판이 가리키는 방향으로 들어가 만산동계곡 물길을 따라 가다 보면 산천어밸리가 나오고 풍차펜션을 지나 좀 더 오르면 만산동이다. 이 길로 쭉 들어가면 비래바위를 만날 수 있다. 길이 딱 하나이기 때문에 비래바위로 향하는 길은 쉽다. 도로 포장이 되어 있지 않지만 차가 다니는 데는 큰 문제가 없는 길이다.

만산동계곡을 따라 걷는 길은 나무와 숲 그리고 청정 계곡물이 여행자를 반겨준다. 만산동계곡은 비래바위와 조화를 이루고 있으며 주변의 빼어난 경치가 마

치 한 폭의 그림을 연상케 한다. 지네가 사람을 해쳤다는 비래바위에 관한 무서운 전설은 으스스하지만 전설은 전설일 뿐 비래바위로 가기 위해 지나야 하는 구운리 길은 신선한 공기와 맑은 계곡물이 너무도 상쾌하다. 만산동계곡에 발을 담그면 이것이 신선놀이가 아닐까 하는 마음이 들게 된다. 9명의 신선이 내려와 놀다 갔다는 구운리는 예로부터 화천의 장수마을이다. 구운리를 다니다보면 백발의 농부를 곳곳에서 만나게 된다. 건강한 환경에서 신선같이 사시는 어르신들이 많은 마을이다.

해가 지고 나면 구운리는 유난히 어둠이 깊다. 반딧불이가 맘껏 놀 수 있도록 가로등을 설치하지 않았기 때문이다. 구운리의 깊은 산 속에는 반딧불이 외에도 수많은 동물들이 옹기종기 모여 살아가고 있다. 구운리는 여름철 잠시 여행객들이 몰리는 때를 제외하고는 늘 조용하고 평화롭다. 구운리의 편안한 풍경은 신선이 살 것 같은 행복한 세상이다.

구운리의 야생화들

이곳만은 둘러보자!
볼거리

화천 산약초 마을&힐링센터

맛과 건강 두 마리의 토끼를 한꺼번에 잡을 수 있는 산약초 마을이 2015년 봄 개장되었다. 화천군 산림경영과에서는 상서면 봉오리 지역에 수년간 산약초가 잘 자랄 수 있도록 산림 환경을 바꾸며 정성을 들인 결과이다.

현재 이곳에서는 화학 비료 또는 일체 살충제나 농약을 전혀 쓰지 않고 사람의 손으로만 재배되는 산약초가 국유림과 군유림 30ha 규모의 재배 단지에서 건강하게 자라고 있다. 산마늘, 어수리, 삼지구엽초, 병풍취, 두릅, 눈개승마, 더덕 등 36여 종의 산약초는 이미 유기인증과 농산물 우수관리 인증을 받아 고품질 농식품을 생산하는 스타팜 농장에 선정되었다. 화천 산약초 마을은 청정 산약초를 재배할 뿐 아니라 앞으로 휴식과 치유를 위한 약초 탐방로, 테크로드, 원두막, 풍욕장 등 힐링센터도 예약제로 운영할 예정이라고 한다. 관심 있는 분들은 화천군청 산림경영과에 문의 후 이용하면 된다.

주소 강원도 화천군 상서면 봉오리 갈목길 157(197-1번지)
문의 산약초 마을 033-441-3312/ 화천군청 산림경영과 033-440-2426

산천어밸리

산천어 양어장, 맨손잡기 체험장, 실개천, 플라이낚시터, 주차장, 농특산물 판매장, 출렁다리 등을 갖춘 생태 체험장이다. 만산동계곡에 자리한 산천어밸리에 가면 산천어를 잡는 짜릿한 손맛을 여름에도 누릴 수 있다. 시원하고 깨끗한 1급수에서만 자라는 담백하고 고소한 산천어를 잡아 꼬챙이에 끼워 숯불에 직접 구워먹을 수 있다. 산천어밸리의 수심은 유아, 초등학생들의 물놀이에 적당하다.

주소 강원도 화천군 상서면 구운리 문의 010-2823-8101

맛 따라 여행 따라
식도락

토고미손두부

건물이 일반 가정집이어서 더욱 정겨운 음식점이다. 손두부전골은 직접 만든 손두부와 당면, 버섯, 채소를 넣고 끓여 먹는 건강식으로 이 집의 대표 메뉴이다. 반찬으로 생선, 김치, 노박무침, 고구마순, 새우볶음, 계란말이 등이 나온다. 두부요리 외에도 집에서 직접 키운 닭으로 만든 닭백숙, 잘 익은 김치를 넣고 끓인 김치찌개, 집에서 띄운 청국장으로 만든 청국장찌개 등이 있다.

주소 강원도 화천군 상서면 신대리 문의 033-441-5891
시간 10:00~21:00 | 연중무휴

산천어밸리 식당

맛있는 산천어 매운탕 맛을 놓치지 말자.

주소 강원도 화천군 상서면 구운리
문의 010-2823-8101 시간 10:00~21:00 | 연중무휴

청정아리 풍차펜션

구운리 숲속에 위치한 펜션으로 산천어밸리와도 가까워 만산동계곡에서 한여름 더위를 잊기에 좋다. 내부가 1층과 2층으로 분리되어 있어 4인 가족 이상이 와도 넉넉하게 쉴 수 있으며 내부에 취사를 할 수 있는 시설이 완비되어 있다. 관리자에게 주문하면 바베큐 파티를 할 수 있도록 불을 준비해 준다. 단체 숙박을 하는 경우 세미나실에서 강의 및 회의와 레크리에이션을 할 수 있다.

주소 강원도 화천군 상서면 구운리 99 문의 033-441-2544

Info.

비래바위

주소 강원도 화천군 상서면 구운리 845
문의 033-440-2422

비래바위 가는 길

승용차	각 지역 출발 ➡ 춘천(5번 국도, 407번 지방도) 경유 ➡ 화천 5번 국도 ➡ 신풍리 ➡ 신대리 ➡ 신대삼거리 좌측 구운리 ➡ 산천어마을 ➡ 구운교 직진 6km
ITX-청춘열차 및 전철	용산, 청량리, 옥수에서 출발하는 ITX-청춘열차 및 전철 승차 ➡ 남춘천역 하차 ➡ 춘천 시외버스 터미널로 이동하여 화천행 버스 승차 ➡ 화천 하차 ➡ 화천 시내버스 터미널로 이동하여 9번 버스(1일 4회) 승차 ➡ 구운리 하차
버스	동서울 시외버스 터미널(구의동), 강남 고속 터미널, 상봉 터미널 또는 춘천 시외버스 터미널 ➡ 화천 시외버스 터미널 하차 ➡ 화천 시내버스 터미널로 이동하여 9번 버스(1일 4회) 승차 ➡ 구운리 하차

비래바위 또는 병풍바위

바위가 날아왔다고 해서 비래바위라고도 하고

언뜻 보면 치마자락처럼 생기기도 했어요.

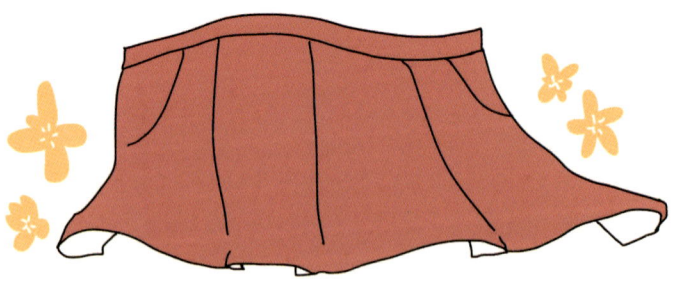

그 모습이 마치 12폭 병풍처럼 보인다고 해서 병풍바위라고도 해요.

신선과 선녀들이 노닐었다는 이야기가
전해 내려올 정도로 아름다운 경치를 자랑합니다.

비래바위는 독특한 신비로움 때문에
여러 가지 신선에 관한 이야기가
전해지고있다는 생각이 드네요.

PART 8

어느새 녹아드는
감동 축제

산천어 축제 | 토마토축제 | 쪽배축제 | 용화축전 | 비목문화제

산천어축제

대한민국을 대표하는 축제가 화천에서 열린다. 온 세상이 눈과 얼음으로 뒤덮이는 한겨울에 산천어와 수달이 사는 청정 지역으로, 매년 100만 명이 넘는 관광객이 찾아온다. 2003년부터 시작하여 '얼지 않은 인정, 녹지 않는 추억'을 주제로 열리는 산천어 축제는 해가 지날수록 열기가 뜨겁다. 그 인기는 미국 뉴스 전문 채널 CNN에서 세계적 여행 안내서 〈론리 플래닛(Lonely Planet)〉의 자료를 인용하여 '불가사의한 7대 겨울 축제(7 Wonders Of Winter)'의 6번째로 화천 산천어 축제를 보도할 만큼 세계적인 화제가 되었다.

얼음 두께가 40cm가 넘는 두꺼운 빙판에 얼음을 뚫어 맑은 물속에 노니는 산천어를 잡는 얼음낚시와 차가운 얼음물에 뛰어들어 산천어를 맨손으로 잡는 즐거움은 겨울 추위를 잊게 하기에 충분하다. 그 밖에도 겨울에 즐길 수 있는 액티비티한 프로그램으로 얼음 썰매, 봅슬레이, 스케이트, 눈썰매, 눈조각, 얼음 축구, 컬링 등 30여 종이 있으며 화천 주민들의 수만큼 만든 2만4천 개의 산천어 등이 깜깜한 밤하늘을 수놓는 선등 거리도 장관이다.

Information

날짜: 매년 1월 약 20일
장소: 화천읍 중리 233-7
문의: 1688-3005, www.narafestival.com

*산천어 체험, 눈얼음 체험, 겨울 문화 체험 등 테마에 따라 구분하여 다양한 행사 개최
*홈페이지에 들어가면 행사 소개가 자세히 나와 있다.
*행사 프로그램은 매년 변동될 수 있다.

2015 산천어 축제 포스터

산천어 축제장 항공 사진

301

  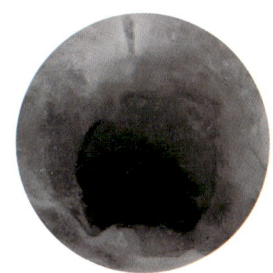

40cm 두께의 얼음에 구멍을 내고 산천어 낚시를 한다.
직접 잡은 산천어를 즉석에서 회를 뜨거나 구워 먹을 수 있는 시설이 마련되어 있다.

산천어 얼음 낚시

내용	참여 방법	
· 낚시터 8,000홀 · 1일 최대 동시 수용 · 가능 인원 8,000명 *화천천에서 현장 접수	중등생 이상 일반 참가자	휴일/평일 구분 없이 : 12,000원 화천 농특산물 교환권 5,000원권 제공
	초등, 경로(만65세 이상), 외국인, 유공, 장애	주말 평일 구분 없이 8,000원 화천 농특산물 교환권 5,000원권 제공

진행자의 안내에 따라 10~15분 동안 진행된다. 끝나고 나면 따뜻한 족욕도 할 수 있다.

산천어 맨손 잡기

내용	참여 방법	
평일 1일 3회 오전 11시, 오후 2시, 오후 4시 주말 1일 5회-오전 11시,오후 1시, 오후 2시, 오후 3시, 오후 4시 *매회 1시간 전부터 현장 접수	**중등생 이상 일반 참가자**	휴일/평일 구분 없이 : 12,000원 화천 농특산물 교환권 5,000원권 제공
	초등, 경로(만65세 이상),외국인, 유공, 장애	주말 평일 구분 없이 8,000원 화천 농특산물 교환권 5,000원권 제공

말 그대로 투명한 얼음으로 조각한 예술적인 작품들을 선보인다.
산천어 축제 마스코트 얼곰이 얼음 조각도 있다.

얼음나라 투명광장

내용	참여 방법	
산천어 축제와 자매 결연을 맺은 중국 하얼빈 빙등제의 중국 조각기술자 35명이 조각한 27종의 작품들을 선보인다.	중등생 이상 일반 참가자	5,000원
	초등, 경로(만65세 이상), 외국인, 유공, 장애	3,000원

*화천사랑상품권 3,000원권 제공

산천어 등 공방

내용	참여 방법
산천어 소망등 채색 체험과 산천어 소망엽서, 산천어 목어 체험 등을 할 수 있다. 주중 09:00~17:00, 주말 09:00~18:00 *현장 접수	1인 40분, 1만원 *공방 관람은 무료

*화천 농특산물 교환권은 농특산물 판매소에서 농산물을 구입할 때 사용할 수 있다.

산천어 공방 전경

알록달록 다양한 산천어 등

산천어 탈을 쓰고 있는 익살스러운 모습의 인형

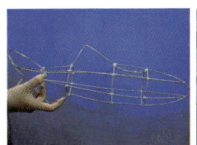

산천어등공방에서 직접 등 만들기 체험을 할 수 있다.

선등 거리

산천어 축제 기간 중에 상시 점등한다.

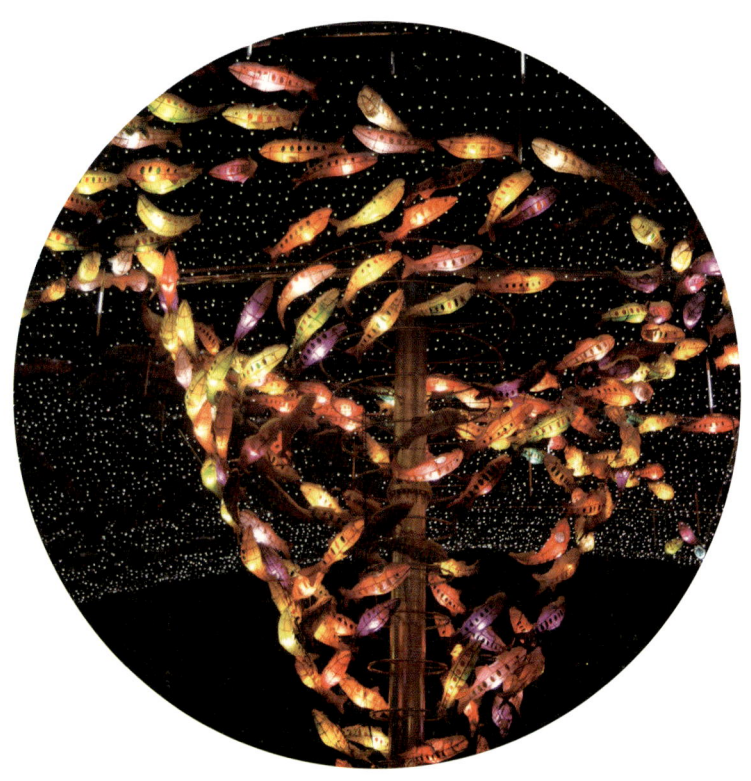

선등(仙燈) 거리

선등 거리는 선계(仙界)의 물고기인 산천어의 형상으로 만들어진
1만 7천여개의 선등이 5km에 걸쳐 전시되어 있는 거리입니다.

선등은 선계로 안내하는 등불이라는 의미를 담고 있습니다.

선등 거리에 발을 들여 놓는 사람들은 누구나 화천3락(華川三樂), 즉 신선이 되는 즐거움,
심신이 아름다워지는 즐거움, 복을 듬뿍 받는 즐거움을 느끼실 수가 있습니다.

작가 이외수

토마토 축제

토마토가 한창 익어 갈 무렵 해마다 8월 초가 되면 화천군 사내면 사창리 일대에서는 사람들도 토마토처럼 붉은 물이 드는 축제 한마당이 열린다. 이곳에서 생산해서 전국에 판매하는 화악산 찰토마토는 화악산에서 내려오는 계곡물로 키우고 무공해 청정 지역에서 재배되어 품질과 맛이 최상으로 인정받고 있다. 일 년에 약 1,300톤을 생산하는 토마토 양만으로도 명실상부한 토마토 마을이다.

토마토축제의 하이라이트는 트럭에 가득 실고 온 토마토를 쏟아 놓는 순간부터 시작된다. 산처럼 쌓인 토마토 존 안으로 남녀노소 할 것 없이 뛰어 들어가 토마토를 으깨며 신나게 놀면서 그 안에 숨겨진 순금 반지를 찾는다. 토마토가 사람들을 모두 동심으로 돌아가게 하는 순간이다.

그 밖의 행사로는 토마토와 옥수수를 직접 따고 먹어보는 팜스테이, 토마토 요리 및 시식 행사, 온몸을 던져 미끄러지는 토마토 슬라이딩, 토마토와 함께 축구하기, 조심조심 토마토 높이 쌓기, 토마토 도깨비 페스티벌, 노래자랑 등 가족, 연인과 함께하는 다양한 프로그램이 펼쳐진다. 산과 계곡의 시원함이 한여름 더위를 씻어내는 화천의 토마토 축제는 화천군 사내면 지역의 모든 지역민들, 기업, 군인들이 똘똘 뭉쳐서 해마다 이색적인 축제를 준비한다.

Information
날짜: 매년 8월 첫째 주 금·토·일
장소: 강원도 화천군 사내면 사창리 문화마을 일대
문의: 033-440-2911, www.tomatofestival.co.kr
내용: 스테이지 존, 피아 존, 워터피아 존, 체험 존 등 구역별 다양한 이벤트 개최

*행사 프로그램은 매년 변동될 수 있다.

어느새 녹아드는 감동 축제

토마토 축구장

황금 반지를 찾아라

개막식과 다양한 체험

토마토 축제 개막식

토마토 높이 쌓기

토마토 요리 시음 대회

토마토 씨름

토마토 던지기

토마토 박 터트리기

마스코트와 기념 촬영하는 외국인

토마토 농구, 물놀이장 등 다양한 부대 시설

쪽배축제

뜨거운 태양이 대지를 달구는 여름이 찾아오면 화천에서는 시원한 쪽배축제가 시작된다. 물위에 펼쳐지는 무한 상상력인 쪽배축제는 청정 자연에 둘러싸여 다이나믹한 수상 체험을 즐기고 저녁이면 시원한 강바람에 한껏 취할 수 있는 상쾌한 여름 캠프이다. 기발한 상상력의 쪽배 콘테스트와 물위의 자전거 월엽편주, 북한강 위를 가로지르는 하늘가르기, 물위의 나뭇잎을 타는 듯한 패들보드 등 물 위에서의 시원한 즐거움이 기다리고 있다. 축제 기간 동안 화천 붕어섬에서는 물 축구와 카누 체험, 쪽배 제작 체험, 각 마을별 계곡 소풍, 캠프촌 등 4가지 테마 30여 종의 다채로운 수상 레포츠 체험을 즐길 수 있다.

화천군은 한강의 최상류 지역으로 지금은 댐들로 인해 물길이 막혀 사라져 버렸지만 고려시대부터 수운이 발달해 멀리 인천에서부터 소금배가 다니던 남강나루라는 나루터가 있었다.

쪽배축제는 잊혀진 선조들의 한과 마음을 담긴 소금 배를 현대적인 감각과 쪽배라는 동화적인 이미지를 통해 부활시킴으로써 현대인들에게 선조들의 마음을 친숙하게 전하고 함께 즐기기 위한 취지로 2003년부터 시작되었다. 모든 일이 술술 풀린다는 뜻의 슬로건을 건 '수리(水利) 화천' 쪽배축제에서 낭만과 추억 그리고 일탈의 여행을 만끽해 보자.

Information
날짜: 매년 7월 중순~8월 중순
장소: 화천군 붕어섬 및 생활체육공원 일원
문의: 1688-3005, www.narafestival.com
내용: 붕어섬 놀이마당, 화천강 놀이마당, 캠핑 마당, 문화 이벤트, 창작 쪽배 콘테스트 등 테마에 따른 다양한 이벤트 개최

*행사 프로그램은 매년 변동될 수 있다.

카약 체험

황포 돛배 타기

캠핑 마당은 예약 텐트촌과
자율 텐트촌으로 구성

붕어섬 놀이마당

프로그램	내용	참여 방법
강변 물놀이장	축제 기간 상설 운영 / 09:30~17:00 ※수영복, 수영모 미착용시 입장 불가	미취학 아동 무료 초등학생이상~성인 5,000원 *화천사랑상품권 3,000 원권 제공
하늘 가르기	축제 기간 상설 운영 / 09:30~18:00 (접수 17:00까지) 생활체육공원 피니시타워 ↔ 붕어섬 중앙 타워 (편도 약 400m, 왕복 약 800m)	왕복 15,000원 편도 10,000원 *5천원 상품권 1매 제공
미니 하늘 가르기	축제 기간 상설 운영 / 시간 미정 생활체육공원 피니시타워 하류둔치 (편도 약 60m) ※초등학생 이상부터 이용 가능.(미취학 아동 이용 불가)	1인 10,000원(3회) *5천원 상품권 1매 제공
황포돛배 북한강 연꽃여행	축제 기간 상설 운영 / 1일 2회 운영 (10시, 14시 출발) 생활체육공원 통통다리 부근 ↔ 하남면 서오지리 연꽃단지 (약 10Km) 90분 (왕복 이동시간 60분, 연꽃단지 관람 30분)	대인 15,000원 소인(13세 미만) 10,000원 *이용료 전액 화천사랑 상품권 제공
어린이 모래놀이터	축제 기간 중 상설 운영 09:00~18:00	무료

용선대회, 창작 쪽배 콘테스트

	내용
개최 날짜	매년 7월 중순~8월 중순
장소	피니시 타워 부근 수상 특설 무대
문의 및 홈페이지	1688-3005, www.narafestival.com
행사 소개	사전 심사 후 직접 제작한 창작쪽배로 100m 왕복 반환점 경주 *경기 진행 방식은 현장 여건에 따라 변동될 수 있다
참여 방법	사전 축제 홈페이지 온라인 접수
참가 조건 및 규칙	• 사람의 힘으로 움직이는 인간동력 창작선 • 1인 이상 ~5인 이하 탑승(6인이상 참가시 1인당 -5점 감점) • 공장에서 제작해 판매하는 배나 동력은 사용할 수 없음 • 선체 스티로폼 사용 금지(단. 스티로폼 표면 완전 포장시 사용가능) • 참가번호는 공정성을 기하기 위해 접수 순서가 아닌 무작위 선정 • 경주중 배끼리 조정 미숙 등으로 진행을 방해할 경우에도 경기의 일부로 반영, 재경기는 치루어지지 않으며, 중간에 파손되어 멈추는 쪽배는 멈춘 시점까지의 점수로 확정
심사 및 상금	심사 후 순위 매긴 후 소정의 상금 수여, 참가상 50,000원 상품권

용선 대회

창작 쪽배 콘테스트

용화축전

용화축전(Yonghwa Festival)은 화천군이 수복된 날인 10월 6일을 군민의 날로 정하고 군민의 화합과 향토 문화 계승 발전을 위해 개최하고 있다. 축제는 용화 산신제단에서 산신제로 시작한다. 제관들이 제례 복장을 하고 줄지어서 용화산 산신께 나라의 태평과 화천 군민의 풍요를 기원하는 제사를 올린다. 이어 산신제에 참가한 사람들은 음복을 하며 음식을 나누어 먹는 잔치를 벌인다. 용화산 산신제는 오래전부터 화천에 내려오는 향토문화로 해마다 용화축전을 통해 계승되고 있다. 산신제가 마무리되면 이어서 서예·문예전시회, 기념콘서트, 노래자랑, 봉화대점화, 무술시범 등 다양한 문화 행사를 한다. 다음날은 1개의 읍과 4개의 면이 모여서 축구와 족구, 배드민턴, 게이트볼 등 체육 경기와 풍물놀이, 씨름, 널뛰기, 그네타기, 줄다리기, 투호, 제기차기, 장치기, 투구 등으로 이루어진 민속경기가 펼쳐진다. 용화축전에서만 볼 수 있는 냉경지 어부식 놀이는 화천의 향토 문화를 계승하는 좋은 예가 된다. 또한 피니시타워에서 열리는 용선 경주는 다른 나라와는 달리 화천 스타일의 쪽배로 경기를 펼친다. 용화축전은 군민들이 하나로 화합하고 결속하는 축제로 다양한 향토 문화를 엿볼 수 있는 축제이다.

Information
날짜: 매년 10월
장소: 화천군 하남면 위라리 화천공설 운동장
문의: 033-442-2507, www.hcmunhwa.or.kr
내용: 용화산 산신제, 서예·문예전시회, 기념콘서트, 다양한 민속 경기 등

*행사 프로그램은 매년 변동될 수 있다.

비목문화제

비목문화제는 희생의 꽃을 희망의 바람으로 피워 내는 추모의 장이다. 1964년 백암산 비무장지대 양지 바른 산모퉁이 어느 이름 모를 용사의 무덤인 듯 녹슨 철모가 뒹굴고 돌무덤은 이끼가 낀 채 허물어져 있는 것을 보며 청년 장교 한명희는 그 자리를 떠날 수 없었다. 그 후 꽃다운 나이에 쓰러져 간 젊은 무명 용사의 넋을 기리기 위한 헌시 '비목'이 완성된다. "초연이 쓸고 간 깊은 계곡 깊은 계곡 양지녘에 비바람 긴 세월로 이름 모를 이름 모를 비목이여 …." 로 시작하는 이 시에 장일남 씨가 곡을 붙여 탄생한 국민 가곡이 '비목'이다. 화천군에서는 우리 국민의 애창곡 '비목'의 발생지인 백암산 기슭에 비목공원을 조성하고 '희생의 꽃, 희망의 바람'이란 주제 아래 매년 6월 6일 현충일을 전후하여 비목문화제를 개최하고 있다. 조국을 위해 산화하신 호국 영령의 넋을 기리고 전 세계의 유일한 분단국으로써 우리 국민 모두가 분단의 아픔을 평화 통일로 승화시키려는 염원과 소망으로 개최하는 호국 안보 문화제이다. 이 문화제를 통일 후의 세대에게 전승시키고, 전 세계가 참여하는 문화제로 확대 개최함으로써 이 지구상에서 2000년대 인류의 역사에서 분쟁과 싸움이 없는 평화가 깃들기를 염원하는 것이 비목문화제의 개최 목적이다.

Information

날짜: 매년 6월 6일 전후 3일간 (**이용시간:** 09:00 ~ 17:00)
장소: 화천군 화천읍 평화의댐 비목공원, 붕어섬
문의: 033-440-2225, www.bimok.com
내용: 추모 행사, 문화 행사, 초청 행사, 축제 행사, 공연 행사, 체험 행사,
상설 행사 등 테마로 구분하여 다양한 이벤트 개최

*행사 프로그램은 매년 변동될 수 있다.

비목공원 전경

부록

1. 음식점 –화천읍/간동면/하남면/상서면/사내면
2. 숙박– 화천읍/간동면/하남면/상서면/사내면
3. 숙박 할인 쿠폰

음식점 리스트

※ 각 읍면 가나다순

상호	주소	전화번호
화천읍		
감자식당	강원 화천군 화천읍 하리	033-442-0118
강나루식당	강원 화천군 화천읍 대이리	033-442-3295
강미식당	강원 화천군 화천읍 하리	033-442-5252
강변식당	강원 화천군 화천읍 하리	033-442-5821
거북곱창	강원 화천군 화천읍 하리	033-441-8040
고기촌	강원 화천군 화천읍 대이리	033-442-5955
구이구이	강원 화천군 화천읍 상리	033-442-9295
귀빈숯불갈비	강원 화천군 화천읍 하리	033-442-2366
김밥이랑만두랑	강원 화천군 화천읍 하리	033-442-2260
나들목가든	강원 화천군 화천읍 중리	033-441-2227
낙원숯불갈매기	강원 화천군 화천읍 하리	033-441-5707
낭천가든	강원 화천군 화천읍 하리	033-442-5900
논길	강원 화천군 화천읍 하리	033-442-1248
다래식당	강원 화천군 화천읍 하리	033-442-3380
다정식당	강원 화천군 화천읍 하리	033-442-442
달구지	강원 화천군 화천읍 하리	033-442-2997
대가	강원 화천군 화천읍 하리	033-441-8800
대이리쉼터식당	강원 화천군 화천읍 대이리	033-441-0296
대청마루	강원 화천군 화천읍 아리	033-442-1290
도우	강원 화천군 화천읍 하리	033-442-3566
동촌식당	강원 화천군 화천읍 대이리	033-441-3579
두레식당	강원 화천군 화천읍 하리	033-442-3037
똥땡이 삼겹살	강원 화천군 화천읍 하리	033-442-442
만찬	강원 화천군 화천읍 하리	033-442-9460
명가	강원 화천군 화천읍 하리	033-442-2950
명동만두	강원 화천군 화천읍 하리	033-442-4379
명문가든	강원 화천군 화천읍 중리	033-442-3240

음식점

상호	주소	전화번호
물빛누리카페테리아	강원 화천군 화천읍 동촌리	033-440-2850
미륵바위쉼터	강원 화천군 화천읍 대이리	033-441-0514
바다	강원 화천군 화천읍 하리	033-441-7474
배터횟집	강원 화천군 화천읍 대이리	033-442-2236
백가네칡냉면	강원 화천군 화천읍 대이리	033-442-4111
백암산감자탕	강원 화천군 화천읍 하리	033-442-2238
본전식당	강원 화천군 화천읍 하리	033-442-5887
북한강횟집	강원 화천군 화천읍 하리	033-442-5750
산채골	강원 화천군 화천읍 아리	033-442-4880
산천마을닭갈비	강원 화천군 화천읍 하리	033-442-0066
서울왕족발(서울식당)	강원 화천군 화천읍 하리	033-442-4664
성원	강원 화천군 화천읍 하리	033-442-8388
소한마리	강원 화천군 화천읍 하리	033-442-2876
속초식당	강원 화천군 화천읍 아리	033-441-2246
솔골식당	강원 화천군 화천읍 하리	033-441-2337
송화식당	강원 화천군 화천읍 하리	033-442-442
솥뚜껑감자탕	강원 화천군 화천읍 하리	033-442-2400
수라간	강원 화천군 화천읍 하리	033-442-2708
수산회센터	강원 화천군 화천읍 하리	033-442-0706
스카이필	강원 화천군 화천읍 하리	033-441-5254
시골쌈밥	강원 화천군 화천읍 대이리	033-441-1101
신어여가세	강원 화천군 화천읍 하리	033-442-7576
아서원	강원 화천군 화천읍 하리	033-441-3777
애플돈	강원 화천군 화천읍 하리	033-441-6707
양평해장국	강원 화천군 화천읍 아리	033-442-4084
어리버리	강원 화천군 화천읍 하리	033-442-8898
엄마손밥상	강원 화천군 화천읍 하리	033-442-2989
예찬	강원 화천군 화천읍 하리	033-441-2200
옛골식당	강원 화천군 화천읍 하리	033-441-5565

상호	주소	전화번호
오꼬만	강원 화천군 화천읍 하리	033-442-0306
왕감자탕	강원 화천군 화천읍 하리	033-441-0770
우정숯불갈비	강원 화천군 화천읍 하리	033-442-9220
웰빙 오계가든	강원 화천군 화천읍 아리	033-441-9595
유정손두부	강원 화천군 화천읍 하리	033-442-2545
유촌막국수	강원 화천군 간동면 유촌리	033-442-5062
육화화로숯불구이	강원 화천군 화천읍 하리	033-441-2292
윤가네칼국수	강원 화천군 화천읍 하리	033-441-4487
일가무교동낙지	강원 화천군 화천읍 하리	033-442-1677
장금이	강원 화천군 화천읍 하리	033-441-3959
제천식당	강원 화천군 화천읍 아리	033-442-7389
조부자매운순대가 화천점	강원 화천군 화천읍 하리	033-441-8253
좋은하루	강원 화천군 화천읍 하리	033-442-7210
중국성	강원 화천군 화천읍 아리	033-441-1771
천년관	강원 화천군 화천읍 하리	033-442-6151
천일막국수	강원 화천군 화천읍 하리	033-442-2127
천일해장국	강원 화천군 화천읍 하리	033-442-2048
청기와집	강원 화천군 화천읍 아리	033-442-4440
청주식당	강원 화천군 화천읍 하리	033-442-2021
초롱이 매운탕집	강원 화천군 화천읍 아리	010-4243-6333
초향의시	강원 화천군 화천읍 중리	033-442-4628
최가네	강원 화천군 화천읍 하리	033-442-6695
춘하추동	강원 화천군 화천읍 하리	033-422-0096
카츠	강원 화천군 화천읍 하리	033-442-8932
커피보리	강원 화천군 화천읍 상리	070-4209-8459
콩사랑	강원 화천군 화천읍 대이리	033-422-2114
타박네	강원 화천군 화천읍 하리	033-442-3090
태화루	강원 화천군 화천읍 아리	033-442-2134
터미널기사식당	강원 화천군 화천읍 하리	033-442-5839

음식점

상호	주소	전화번호
토박이돈보이네	강원 화천군 화천읍 하리	033-442-2273
토스피아	강원 화천군 화천읍 하리	033-441-8592
통일원	강원 화천군 화천읍 하리	033-442-2231
퇴근길	강원 화천군 화천읍 하리	033-442-0433
평양막국수	강원 화천군 화천읍 대이리	033-442-1112
하남각	강원 화천군 화천읍 하리	033-442-3335
하조식당	강원 화천군 화천읍 하리	033-442-7760
한우촌	강원 화천군 화천읍 하리	033-442-7040
해산가든	강원 화천군 화천읍 풍산리	033-441-2682
해오름휴게소(해산령쉼터)	강원 화천군 화천읍 동촌리	070-7758-7758
형수님밥상	강원 화천군 화천읍 하리	033-442-3533
혜지네	강원 화천군 화천읍 하리	033-442-8244
화천국밥집	강원 화천군 화천읍 하리	033-442-2014
화천맛집	강원 화천군 화천읍 하리	033-442-0600
화천순두부	강원 화천군 화천읍 아리	033-442-7275
화천식당	강원 화천군 화천읍 하리	033-441-2151
화천탁주시음장	강원 화천군 화천읍 중리	033-442-2612
화천한우셀프구이촌	강원 화천군 화천읍 아리	033-442-1300
황궁쟁반짜장	강원 화천군 화천읍 하리	033-442-5002
황해식당	강원 화천군 화천읍 하리	033-441-1188
간동면		
강변횟집	강원 화천군 간동면 구만리	033-442-5007
겨우살이	강원 화천군 간동면 오음리	033-442-4258
그린반점	강원 화천군 간동면 오음리	033-442-3478
남가숯불갈비	강원 화천군 간동면 오음리	033-442-1665
산장횟집	강원 화천군 간동면 구만리	033-442-5611
서울횟집	강원 화천군 간동면 구만리	033-442-5016
어부횟집	강원 화천군 간동면 구만리	033-442-3131
월남가든	강원 화천군 간동면 오음리	033-442-5232

상호	주소	전화번호
월미횟집	강원 화천군 간동면 구만리	033-442-3115
유촌막국수	강원 화천군 간동면 유촌리	033-442-5062
큰바위가든	강원 화천군 간동면 간척리	033-442-6805
파로호횟집	강원 화천군 간동면 구만리	033-442-3123
호수횟집	강원 화천군 간동면 구만리	033-442-3232
화천어죽탕	강원 화천군 간동면 구만리	033-442-5544
하남면		
강산식당	강원 화천군 하남면 거례리	033-441-5814
두부가있는마을	강원 화천군 하남면 거례리	033-441-3568
송화수산횟집	강원 화천군 하남면 삼화리	033-441-8899
심산에	강원 화천군 하남면 거례리	033-441-8900
왕골가든	강원 화천군 하남면 원천리	033-441-6171
용암추어탕	강원 화천군 하남면 용암리	033-441-3817
원천루	강원 화천군 하남면 원천리	033-441-9966
주막거리식당	강원 화천군 하남면 원천리	033-441-5838
상서면		
경복원	강원 화천군 상서면 산양리	033-442-6017
너른감자탕	강원 화천군 상서면 구운리	033-442-2004
돈가우가	강원 화천군 상서면 신풍리	033-441-9020
레벤분식	강원 화천군 상서면 산양리	033-442-1525
만리향	강원 화천군 상서면 산양리	033-442-6022
목가촌	강원 화천군 상서면 산양리	033-442-6013
산천어밸리 식당	강원 화천군 상서면 구운리	010-2823-8101
오복순대	강원 화천군 상서면 산양리	033-442-8253
유목정	강원 화천군 상서면 신대리	033-441-0190
토고미손두부	강원 화천군 상서면 신대리	
화천참숯생고기	강원 화천군 상서면 산양리	033-442-3121
사내면		
갈비명가	강원 화천군 사내면 사창리	033-441-2220

음식점

상호	주소	전화번호
갓바우골	강원 화천군 사내면 광덕리	033-441-5295
강원양어장횟집	강원 화천군 사내면 삼일리	033-441-1034
거북회관	강원 화천군 사내면 사창리	033-441-4646
고구려(숯불갈비)	강원 화천군 사내면 사창리	033-441-3363
광덕고개쉼터	강원 화천군 사내면 광덕리	033-441-1667
광덕화이트밸리	강원 화천군 사내면 광덕리	033-441-9060
굿모닝스낵	강원 화천군 사내면 사창리	033-441-8666
그린반점	강원 화천군 사내면 사창리	033-441-1236
김박사곱순이네	강원 화천군 사내면 사창리	033-441-5152
대성각	강원 화천군 사내면 사창리	033-441-6738
덕골농원	강원 화천군 사내면 광덕리	033-441-5940
도원	강원 화천군 사내면 사창리	033-441-2684
돈가스마을분식나라	강원 화천군 사내면 사창리	033-441-1337
돈마루	강원 화천군 사내면 사창리	033-441-3390
돈막골	강원 화천군 사내면 사창리	033-441-6605
돼지나라족발공주	강원 화천군 사내면 사창리	033-441-1139
동우네식당	강원 화천군 사내면 사창리	033-441-4827
둥지식당	강원 화천군 사내면 사창리	033-441-3003
못난이네	강원 화천군 사내면 사창리	033-441-5944
미가연	강원 화천군 사내면 사창리	033-441-6255
바다회센타	강원 화천군 사내면 사창리	033-441-4757
번개식당	강원 화천군 사내면 사창리	033-441-4617
번암산가든	강원 화천군 사내면 광덕리	033-441-6696
병천황토방순대	강원 화천군 사내면 사창리	033-441-4918
부담없는집	강원 화천군 사내면 광덕리	010-4107-4107
부자화로숯불구이	강원 화천군 사내면 사창리	033-441-6070
산골미꾸라지매운탕	강원 화천군 사내면 사창리	033-441-2201
산마을가든	강원 화천군 사내면 사창리	033-441-7933
산속가든	강원 화천군 사내면 광덕리	033-441-4927

상호	주소	전화번호
산장가든	강원 화천군 사내면 광덕리	033-441-5758
산촌회관	강원 화천군 사내면 삼일리	033-441-3737
삼일식당	강원 화천군 사내면 사창리	033-441-2932
삼호가든	강원 화천군 사내면 사창리	033-441-8292
새말횡성한우타운	강원 화천군 사내면 사창리	033-441-7607
생생돈가스	강원 화천군 사내면 사창리	033-441-8286
석산식당	강원 화천군 사내면 사창리	033-441-4046
선창아구찜	강원 화천군 사내면 사창리	033-441-5339
섬뜰마루	강원 화천군 사내면 사창리	033-441-6901
수정이네	강원 화천군 사내면 사창리	033-441-4542
시골식당	강원 화천군 사내면 사창리	033-441-5363
옹달샘유원지	강원 화천군 사내면 광덕리	033-441-6616
왕뚝배기	강원 화천군 사내면 사창리	033-441-5694
운암식당	강원 화천군 사내면 광덕리	033-441-2749
원리치피자패밀리치킨	강원 화천군 사내면 사창리	033-441-0473
육해공	강원 화천군 사내면 사창리	033-441-2881
윤나리휴게소	강원 화천군 사내면 광덕리	033-441-0132
일미곱창	강원 화천군 사내면 사창리	033-441-0144
청포골	강원 화천군 사내면 사창리	033-441-6600
큰집가마솥설렁탕	강원 화천군 사내면 사창리	033-441-8989
터	강원 화천군 사내면 사창리	033-441-9191
풍경	강원 화천군 사내면 광덕리	033-441-8880
호수가든	강원 화천군 사내면 광덕리	017-391-5912
홍콩반점	강원 화천군 사내면 사창리	033-441-5522
화악산가든	강원 화천군 사내면 용담리	033-441-6833
화악산메밀국수	강원 화천군 사내면 사창리	033-441-0050
황가네	강원 화천군 사내면 사창리	033-441-0235

숙박업 리스트

※ 각 읍면 가나다순

상호	주소	전화번호
화천읍		
가손이민박	강원 화천군 화천읍 아리 115-1	033-441-0346
강원장여관	강원 화천군 화천읍 하리 50-33	033-442-7030
갤러리하우스	강원 화천군 화천읍 하리 41-4	033-441-7999
계곡민박	강원 화천군 화천읍 풍산리 205-6	017-288-3525
굴바우민박	강원 화천군 화천읍 대이리 338-4	033-441-6828
그린장여관	강원 화천군 화천읍 하리 52-17	033-442-0882
길자네식당민박	강원 화천군 화천읍 풍산리 1009	033-441-1555
까치펜션	강원 화천군 화천읍 대이리 319-4	033-441-5446
나들목가든민박	강원 화천군 화천읍 중리 184-10	033-441-2227
나이테펜션	강원 화천군 화천읍 대이리 5	033-442-8688
다래하우스	강원 화천군 화천읍 대이리 449	033-442-8577
다솜펜션	강원 화천군 화천읍 상리 61-2	010-2775-6786
대붕민박	강원 화천군 화천읍 대이리 48-11	033-442-4184
대성장여관	강원 화천군 화천읍 하리 43-60	033-442-2168
대호장여관	강원 화천군 화천읍 아리 100-5	033-442-2069
덕성파크	강원 화천군 화천읍 하리 100-13	033-442-2204
동그라미펜션	강원 화천군 화천읍 신읍리 574	010-4956-2444
동촌막국수	강원 화천군 화천읍 동촌리 1리 127-1	033-442-3992
로얄장여관	강원 화천군 화천읍 하리 15523	033-441-6974
로즈모텔	강원 화천군 화천읍 하리 36-6	033-442-2230
로터스모텔	강원 화천군 화천읍 하리 33-7	033-442-0414
목화펜션	강원 화천군 화천읍 아리 135	011-9024-5664
물소리펜션	강원 화천군 화천읍 풍산리 543	010-6823-6423
반디불펜션	강원 화천군 화천읍 아리 165	033-441-0035
별빛황토펜션	강원 화천군 화천읍 풍산리 1114	033-441-3485
부성장여관	강원 화천군 화천읍 하리 51-22	033-442-4242
불도암민박	강원 화천군 화천읍 상리 209	033-442-1479

상호	주소	전화번호
비목쉼터민박	강원 화천군 화천읍 대이리 평화로 539	033-442-9187
비수구미민박	강원 화천군 화천읍 동촌리 2715	033-442-0145
산골민박	강원 화천군 화천읍 중리 92	010-6356-1165
산천어민박	강원 화천군 화천읍 대이리 440-11	033-442-3035
살랑골쉼터	강원 화천군 화천읍 대이리 324	033-441-1101
서울장여관	강원 화천군 화천읍 하리 51-28	033-442-2281
선경약초원	강원 화천군 화천읍 풍산리 2001-1	011-9244-5631
성동민박	강원 화천군 화천읍 풍산리 545-1	010-4010-3504
송호민박	강원 화천군 화천읍 중리 174-5	033-442-5853
수달민박	강원 화천군 화천읍 중리 179-5	033-441-0373
신진민박	강원 화천군 화천읍 동촌리 2512	033-442-3936
양지민박	강원 화천군 화천읍 대이리 101-10	033-442-5706
연희모텔	강원 화천군 화천읍 하리 52-15	033-441-0071
영남장여관	강원 화천군 화천읍 하리 42-5	033-442-2428
오계민박	강원 화천군 화천읍 아리 107-1	033-441-9595
용수장여관	강원 화천군 화천읍 하리 57-6	033-441-1278
용화장	강원 화천군 화천읍 하리 51-1	033-442-2147
용희네집	강원 화천군 화천읍 동촌리 1929-1	033-442-1041
우리민박	강원 화천군 화천읍 대이리 319-7	033-441-9848
우리집민박	강원 화천군 화천읍 대이리 101-17	033-442-5762
장풍장여관	강원 화천군 화천읍 하리 50	033-442-6610
태생파크	강원 화천군 화천읍 하리 41-7	033-442-3009
파랑새펜션	강원 화천군 화천읍 대이리 1반 364-1	010-5364-5900
파로호펜션	강원 화천군 화천읍 아리 95-2	010-3814-1488
파로호한옥펜션	강원 화천군 화천읍 아리 95-2	010-3814-1488
평화가든민박	강원 화천군 화천읍 대이리 131-16	010-6651-2660
평화민박(비수구미)	강원 화천군 화천읍 동촌리 2482	033-442-0035
풍산리민박	강원 화천군 화천읍 풍산리 2반 1013	033-442-3122
풍산리애	강원 화천군 화천읍 풍산리 545-4	010-3453-3805

숙박

상호	주소	전화번호
해산관광농원펜션	강원 화천군 화천읍 동촌리 290	033-442-6623
해산민박	강원 화천군 화천읍 동촌리 1713	033-442-0962
화천사계절민박	강원 화천군 화천읍 중리 184-14	033-442-1631
화천파크	강원 화천군 화천읍 하리 51-19	033-442-4901
황토마을민박	강원 화천군 화천읍 풍산리 1311	019-305-4148
후덕농원펜션	강원 화천군 화천읍 아리 137 5-1	033-442-5533
M파크	강원 화천군 화천읍 하리 39-11	033-442-0050
강릉민박	강원 화천군 간동면 구만리 1313-1	033-442-5650
검정고무신민박	강원 화천군 간동면 유촌리 613	010-3634-4055
그린민박	강원 화천군 간동면 오음리 594	033-442-8614
놀자네민박	강원 화천군 간동면 유촌리 333-8	033-442-3376
느릅마을 황토팬션	강원 화천군 간동면 유촌리	016-784-4461
대흥여관	강원 화천군 간동면 용호리 905-1	033-442-4195
딴산	강원 화천군 간동면 구만리 1314-1	033-442-3656
딴산노을	강원 화천군 간동면 구만리 1283-2	070-7761-6281
딴산푸른민박	강원 화천군 간동면 구만리 어룡동 5반지	010-4381-0222
뛰개민박	강원 화천군 간동면 유촌리 359-3	019-322-0007
레인보우펜션	강원 화천군 간동면 방천리1 1594 1400-4	010-3230-2505
모현동민박	강원 화천군 간동면 유촌리 126-1	033-442-3808
베트남참전용사만남의장펜션	강원 화천군 간동면 오음리 87-7	033-441-8002
봄들농장	강원 화천군 간동면 용호리 1520	033-442-5404
산수정화	강원 화천군 간동면 구만리 1290-2	010-5340-5102
산촌민박	강원 화천군 간동면 구만리 1263-3	033-442-0877
선학정	강원 화천군 간동면 유촌리 1428	033-442-3113
솔바람민박	강원 화천군 간동면 용호리 1520	033-442-2363
알프스펜션	강원 화천군 간동면 구만리 1315-1	070-4197-3089
어룡동민박	강원 화천군 간동면 구만리 1306-1	033-442-4409
용호리펜션	강원 화천군 간동면 용호리 1138	033-441-5712
우목농원	강원 화천군 간동면 용호리 1364	033-442-2431

상호	주소	전화번호
유곡산방	강원 화천군 간동면 유촌리 느릅길 82	033-441-5615
종가민박	강원 화천군 간동면 유촌리 522-1	033-442-5131
창신장여관	강원 화천군 간동면 오음리	033-442-7114
청솔민박(겨우살이)	강원 화천군 간동면 오음리 475-3	033-442-4258
큰바위가든	강원 화천군 간동면 간척리 995-17	033-442-6805
강변민박	강원 화천군 하남면 서오지리 333-2	033-441-3624
강변소풍펜션	강원 화천군 하남면 서오지리 376-1	033-441-9555
강산민박	강원 화천군 하남면 거례리 492-1	033-441-5814
갤러리펜션	강원 화천군 하남면 원천리 33-3	033-441-2590
그린펜션캠핑장	강원 화천군 하남면 원천리 909	010-7156-7654
바람골펜션	강원 화천군 하남면 거례리 265	033-441-5998
버들골	강원 화천군 하남면 계성리 340-2	033-441-5385
별하나 나하나	강원 화천군 하남면 원천리 29-3	010-2747-5122
아쿠아틱리조트	강원 화천군 하남면 원천리 578	033-441-3880
엄탱이 황토 펜션	강원 화천군 하남면 서오지리 269-7	010-9468-5688
왕골펜션	강원 화천군 하남면 원천리 457-9	033-441-9100
용화정민박	강원 화천군 하남면 용암리 1126-1	033-441-4946
원민박	강원 화천군 하남면 계성리 261-1	033-441-7056
준하우스	강원 화천군 하남면 위라리 103-2	033-442-5990
하늘빛 호수마을펜션	강원 화천군 하남면 원천리 575-2	033-441-5400
한옥펜션 연안재	강원 화천군 하남면 서오지리 574	010-5317-8731
한증막민박	강원 화천군 하남면 용암리 887-2	033-441-2333
화천열차펜션	강원 화천군 하남면 위라리 490-2	033-441-8877
황토민박	강원 화천군 하남면 원천리 312	010-9244-3730
황토민박	강원 화천군 하남면 위라리 329-2	010-5363-3463
황토한옥민박	강원 화천군 하남면 용암리 945	033-441-6421
상서면		
1박 2일 민박	강원 화천군 상서면 파포리 820	010-3600-5852
갈골민박	강원 화천군 상서면 노동리	010-3002-6504

숙박

상호	주소	전화번호
그랑프리여관	강원 화천군 상서면 다목리 512-1	033-441-2071
그린우드	강원 화천군 상서면 부촌리 38	010-7132-9578
나무와 돌	강원 화천군 상서면 봉오리 2리 91	010-9725-4114
다목민박	강원 화천군 상서면 다목리 443-2	033-441-1131
도로시민박	강원 화천군 상서면 구운리 302-1	033-441-7074
등대울황토펜션	강원 화천군 상서면 파포리 411-1	011-746-9296
만산골민박	강원 화천군 상서면 구운리 100	033-441-5678
만산동민박	강원 화천군 상서면 구운리 860	033-441-0250
만산수목원펜션	강원 화천군 상서면 구운리 854-2	033-441-3149
목화장	강원 화천군 상서면 다목리 513-5	033-441-7248
비래바위펜션	강원 화천군 상서면 구운리 121	010-4624-1480
사랑채민박	강원 화천군 상서면 장촌리 856-3	010-4341-3138
산꾼의집	강원 화천군 상서면 구운리 862	033-441-1372
산천어마을펜션	강원 화천군 상서면 구운리 845	033-441-8037
서울장(산양리)	강원 화천군 상서면 산양리 505-16	033-442-2003
양지말펜션	강원 화천군 상서면 파포리 814-1	010-2647-5852
영빈장여관	강원 화천군 상서면 봉오리 492-16	033-441-7062
으뜸펜션	강원 화천군 상서면 구운리 728-2	033-442-5292
일광장	강원 화천군 상서면 산양리 738-17	033-442-6073
청정아리풍차펜션	강원 화천군 상서면 구운리 99	033-441-2544
충남장여관	강원 화천군 상서면 산양리 738-72	033-442-6011
태수네민박	강원 화천군 상서면 구운리 275-3	016-291-6547
토고미민박	강원 화천군 상서면 신대리 387-1	033-441-7254
파크장여관	강원 화천군 상서면 다목리 493-8	033-441-7110
풍차민박	강원 화천군 상서면 구운리 109	033-442-3071
하나민박	강원 화천군 상서면 파포리 275-4	033-441-5570
하늘채펜션	강원 화천군 상서면 구운리 855-2	033-441-3435
현대장여관	강원 화천군 상서면 산양리 585-4	033-442-6166
혜민펜션	강원 화천군 상서면 신대리 455-2	033-441-3970

상호	주소	전화번호
황해장여관	강원 화천군 상서면 봉오리 370-1	033-441-7069
갈릴리민박	강원 화천군 사내면 용담리 830-2	033-441-5766
곡운구곡민박	강원 화천군 사내면 용담리 813	033-441-0493
골드장	강원 화천군 사내면 사창리 454-15	033-441-2700
광덕그린리조트	강원 화천군 사내면 광덕리 1053	031-441-2627
그린장(사창리)	강원 화천군 사내면 사창리 452-1	033-441-0402
기역니은펜션(ㄱㄴ)	강원 화천군 사내면 삼일리 1029	010-4907-1236
길가네민박	강원 화천군 사내면 삼일리 567-9	010-9397-4302
내안의너	강원 화천군 사내면 사창리 457-37	033-441-2460
도랑가펜션	강원 화천군 사내면 삼일리 683-4	033-441-8854
두류산계곡펜션	강원 화천군 사내면 명월리 267-2	010-5086-0087
두류산쉼터민박	강원 화천군 사내면 명월리 358-4	033-441-1592
뒤뜰계곡예쁜집	강원 화천군 사내면 광덕리 1135-5	033-441-2344
로터스모텔(사창리)	강원 화천군 사내면 사창리 458	033-441-1068
마음이머무는곳	강원 화천군 사내면 광덕리 2리 480-1	033-441-6066
명성여관	강원 화천군 사내면 사창리 454	033-441-4061
명지령계곡펜션	강원 화천군 사내면 용담리 용담리 526	010-8741-1515
무지개펜션	강원 화천군 사내면 삼일리 679	010-9132-0727
물안골스머프펜션	강원 화천군 사내면 용담리 206	033-441-2422
박씨민박	강원 화천군 사내면 삼일리 546-1	033-441-2947
반디산장(구-갓바골)	강원 화천군 사내면 광덕리 1023	011-9999-2222
번암산휴게소 민박	강원 화천군 사내면 광덕리 434-3	033-441-6675
별이빛나는밤에 펜션	강원 화천군 사내면 광덕리 505-5	033-441-7711
복주골	강원 화천군 사내면 광덕리 1012	033-441-1588
빨간지붕민박	강원 화천군 사내면 삼일리 613-8	010-5274-4475
산속가든	강원 화천군 사내면 광덕리 1129-1	033-441-4927
산이야기	강원 화천군 사내면 광덕리 1134-5	033-441-8558
산장가든	강원 화천군 사내면 광덕리 1134-2	033-441-5758
산장여관	강원 화천군 사내면 사창리 412	033-441-4451

상호	주소	전화번호
삼나무집 펜션	강원 화천군 사내면 용담리 284	010-4735-6637
삼일민박	강원 화천군 사내면 삼일리 368-2	033-441-4411
샘터민박	강원 화천군 사내면 광덕리 346	033-441-4655
솔사랑	강원 화천군 사내면 광덕4리 924-1	033-441-2783
솔향민박	강원 화천군 사내면 사창리 980-7	011-367-9642
아름펜션	강원 화천군 사내면 사창리 265-1	010-9412-4450
여울목민박	강원 화천군 사내면 삼일리 585	010-7147-2285
여울목펜션	강원 화천군 사내면 삼일리 585	033-441-0685
영남장(사창리)	강원 화천군 사내면 사창리 454-9	033-441-4211
옥수골민박	강원 화천군 사내면 광덕리 1123	033-441-6602
용담계곡민박	강원 화천군 사내면 용담리 811	010-7744-7143
운암밸리펜션	강원 화천군 사내면 광덕리 1131-1	033-441-2749
작은정원(두류산장용담농원)	강원 화천군 사내면 용담리 561	010-5313-1045
즐거운펜션	강원 화천군 사내면 삼일리 686	016-208-1781
천문대펜션	강원 화천군 사내면 광덕리 1127	033-441-7342
큰나무펜션	강원 화천군 사내면 사창리 201-4	033-441-3450
터키밸리	강원 화천군 사내면 광덕리 813-1	010-6476-3077
토마토모텔	강원 화천군 사내면 사창리 457-10	033-441-0019
파로호 한옥펜션	강원도 화천군 화천읍 아리 95	033-441-1448
파인벨리	강원 화천군 사내면 광덕리 437-1	033-441-1962
파프리카펜션 B(블루동)	강원 화천군 사내면 광덕리 807-6	010-8721-7959
파프리카펜션 G(그린동)	강원 화천군 사내면 광덕리 792	010-4055-4060
파프리카펜션 R(레드동)	강원 화천군 사내면 광덕리 792	033-441-2601
파프리카펜션 W(화이트동)	강원 화천군 사내면 광덕리 807-6	033-441-7395
파프리카펜션Y(옐로우동)	강원 화천군 사내면 광덕리 792	033-441-7959
풍경한옥펜션	강원 화천군 사내면 광덕리 339-14	033-441-8880
하늘아래펜션	강원 화천군 사내면 사창리 60-13	033-441-5511
하늘정원펜션	강원 화천군 사내면 사창리 265-3	010-3891-1869
향기나라사랑이	강원 화천군 사내면 삼일리 168	010-3834-3476

상호	주소	전화번호
화악산 통나무집 펜션	강원 화천군 사내면 광덕리 277	010-6232-7778
화악산펜션	강원 화천군 사내면 삼일리 538	033-441-4627
화악산황토펜션	강원 화천군 사내면 사창리 477-12	033-441-2155
화이트힐펜션	강원 화천군 사내면 광덕리 920	010-4911-3831

〈화천에서 놀자〉 독자에게만 드리는 **특별한 혜택**

러브팜 캠핑장
1만원 숙박 할인권

주소 강원도 화천군 사내면 삼일리 168
전화 010-8489-2479

사용 기간 성수기 1월, 7월, 8월 제외

• 다른 할인과는 중복 적용되지 않습니다.

러브팜 캠핑장

넥서스BOOKS

알프스 펜션
1만원 숙박 할인권

주소 강원도 화천군 구만리 1314-10
전화 070-4197-3089

사용 기간 성수기 1월, 7월, 8월 제외

• 다른 할인과는 중복 적용되지 않습니다.

알프스 펜션

넥서스BOOKS

파인벨리펜션
바비큐이용 숯불 1회
무료 제공 (4인 기준)

주소 강원도 화천군 사내면 광덕리 437-1
전화 033-441-1962

사용 기간 성수기 관계 없이 적용   • 다른 할인과는 중복 적용되지 않습니다.

파인벨리펜션

넥서스BOOKS

넥서스BOOKS

넥서스BOOKS

넥서스BOOKS